本書獻給每一位對生命熱愛，
對婚姻充滿希望及信心的男女。

金塊文化

好男好女

幸福婚姻GPS

愛情婚姻諮商專家
林蕙瑛
著

推薦序一

隨著社會風氣的開放及社會型態的轉變，兩性接觸與交往愈加頻繁，性的問題與困擾不只發生在青少年身上，也可能發生在成年人的身上。從人生發展的過程來看，兩性關係在人的一生當中佔有重要的地位，從約會、戀愛、擇偶，到進入婚姻關係，是大多數人一條漫長且又充滿各種挑戰的必經之路，可知性是人生的重要課題，它不僅關係著個人的身心健康以及家庭的幸福美滿，而且也影響著社會的秩序與安寧，不可不予重視。如何能創造幸福，追求兩性關係的和諧，則有賴性教育的落實。

人類因害怕孤單寂寞，希望建立各種親密關係，而其中情侶及夫妻間的親密關係可說是人們最渴望的親密關係，也是人際關係中極重要的一環。親密關係的建立是人類的基本需求，建立的過程中，難免衍生諸多問題，尤以經性別社會化的過程，形成了傳統的性別角色，使得男性的性別角色傾向「工具性」特質，女性的性別角色傾向「情感性」特質，男女雙方在情感表達上亦有差異，使得兩性親密關係的發展受到限制與阻礙，如果能打破傳統的性別角色模式，讓兩性同時具備「工具性」與「情感性」的特質，亦即「雙性化」剛柔並濟的性別角色，將有助於增進和諧的兩性親密關係。

本書作者林蕙瑛教授，與我為相識多年的好友，也因兩人對性教育有著共同的熱忱與理想，惺惺相惜。蕙瑛老師從事家庭諮商、心理輔導及相關教育已多年，是國內知名的愛情婚姻諮商專家，也時常在報章雜誌中發表專欄文章，文字精練，擅於敘事說理，向來深受各界所推崇。此次又有新作問世，著實為她高興。本書將所長融合，以故事主角陳述案例或以時事呈現問題所在，以諮商師的角度，提出分析與中肯的建議，使讀者從閱讀當中也可以推及己身，得到同理和啟發。加之其文章一向兼具情理，不說教，亦不八股，細細聆聽對事情的陳述，再和緩提出其見解，使讀者因為感覺被同理，而能夠認同其見解與意見，讓作者與讀者的「溝通」更能獲致良好的效果，真是相當地不容易。

本書內容以二十二篇主題故事，探討目前社會中兩性相處間所遇到形形色色的問題，無論是兩性婚前交往、分手、劈腿、婚前性行為，及時下流行的網路交友，或是婚後夫妻相處、性生活、工作與婚姻、外遇、離婚，延伸至婆媳、姑嫂相處等議題，多有著墨。無論是還在熱戀中的情侶、或是即將步入婚姻、或已置身婚姻當中，甚至已「逃脫」婚姻關係者，提供學習兩性交往的借鏡，重新檢視與伴侶相處的本質，學習建立理想的親密關係，讓親密關係得以更臻美好或獲得改善，絕對值得一讀。好男好女——這樣做，會幸福！

——晏涵文

（作者現任國立台灣師範大學健康促進與衛生教育學系兼任教授、杏陵醫學基金會執行長）

推薦序二

第一次認識林蕙瑛老師是在實踐大學所出版的《今日生活》雜誌中，林老師有個小專欄，專門回答一些跟情感與婚姻有關的問題。還記得那時每次拿到《今日生活》，就會趕快尋找林老師的專欄來閱讀，當時還很年輕的我，心裡很崇拜這位林老師，好希望將來能夠像她一樣地幫助別人解除心中對愛情的疑慮。

或許也就是在那時候，種下了我後來成為一位以伴侶與婚姻治療為主的心理諮商師的因緣，因此林老師可以說是我的啟蒙老師。這次看到林老師的這本書，還真是讓我有種重溫舊夢的感覺，回首來時路，心中充滿了感恩。能被我的啟蒙老師邀請為她的新書寫序，真的覺得很榮幸！

在每個人的生命中，都會有一些很重要的成長經驗，而對我來說，最讓我刻骨銘心且學習最多的就是情感這件事。從我懂得什麼是談戀愛之後，在情感這條路上可以說是跌跌撞撞，許多坑洞或陷阱都曾掉下去過，然而這些痛苦的歷程卻也是我人生中極珍貴的轉捩點，那些陷落與重新爬起來的經驗，以及當時身邊的朋友、師長及諮商老師的陪伴與引導，幫助我快速地成長與學習，成為一個更令我欣賞及喜愛的自己，也給予我許多可以跟他人分享的真實經驗。

在這本書中，林老師也是以她多年所累積的諮商經驗，與我們分享在周遭處處可見的各種案例，來突顯現代人在情感及婚姻路上可能面臨的各種挑戰與衝擊，並進一步分析問題之所在，且提供應對的方法。更難能可貴的是，由於性諮商也是林老師的專長，因此也在許多案例中談到伴侶之間性方面的議題，將人們或許難以啟齒的狀況，清楚地呈現出來，並給予務實的建議，這也是本書主要的特色之一。

對於林老師在百忙之中願意著作此書，提供人們在情感路上所需的陪伴、支持與引導，我真的十分感佩。相信這本書將會陪伴許多為情苦惱的讀者，走出更廣闊的一片天！

——**謝文宜**（作者為美國普渡大學家庭研究碩士及博士、實踐大學兒童與家庭發展學系副教授）

自序

由於社會制度變遷，家庭結構改變甚劇，工商社會的男女對於感情、金錢、道德與家庭等方面的看法，已不似從前那樣保守與低要求，但是傳統的觀念還是由每一代的父母傳遞至兒女心中，每一個人心中都明白自己對婚姻的期盼與真實的婚姻生活是有一段距離，追求幸福美滿的婚姻是每一個人最大的願望，總是希望能夠以忍耐與自我調適的方法維持婚姻並安然生存於其中。

因此，雖然有婚姻並不一定代表婚姻美滿，除非是個人堅決地自不幸的婚姻中掙脫出來。絕大多數在婚姻中的男女都會因為他們的婚姻的確不錯，或者至少他們還有心，大多抱著希望試圖挽回婚姻或改善婚姻品質的想法。

婚姻的好壞，最重要的在於婚後兩人在生活中如何相處，偶有衝突時如何化解及調適，這與個人之個性、互相支持及同心的意願成正比，然而對婚姻及性的正確認識，兩人瞭解程度及價值觀等也是重要因素，而這些大都得在婚前培養，因此婚前各種感情及人際觀念的建立及雙方的交往，對於婚後愛情的延伸及家庭生活的緊密充實，的確有密切關係。

婚姻諮商的觀念即是教導個人，不論是在婚前或婚後，如何能分辨自己在某一特殊男女人際狀況中產生的負面情緒，如何在不愉快的情境中以客觀態度尋求解決或妥協方式，如何修正自己或對方的行為及想法。當事人經常是人在情緒身不由己，則婚姻諮商專家予以輔導，引導並幫助他（她）能以理性思考來處理自己的婚姻問題。遇到對方不肯改變時，如何以山不轉路轉的方法來自我改變或自我調適。一般而言，伴侶雙方若肯共同就教婚姻諮商專家，或兩人私下開誠布公懇談，婚姻中的疑難或衝突極易大事化小，小事化無而不存疙瘩。然而台灣社會的婚姻中，一方或雙方往往漠視婚姻問題癥結，或迷信自然主義，吵過鬧過就沒事了，任其惡化或者逃避不肯談，而尋求婚姻輔導者卻大多數為想挽救婚姻，心中充滿疑問及情緒的婦女隻身前來，造成婚姻諮商效果的事半功倍。

本書乃筆者積二十年婚姻諮商經驗，將最常出現於婚前婚後男女人際關係中的生活危機及感情絆腳石，以故事的方式敘述問題的癥結，點出婚姻諮商專家的看法，寫出諮商輔導的方向及技術。許多讀者讀到書中某一個案例，可能會心有戚戚焉，或者面紅耳赤，認為自己居然被列為故事主角。其實每一個案例均可能發生在你我或周遭人的身上，每一個危機普遍存在於現代男女生活中。然而，重點不在於故事核心的相似，而是以客觀角度來看某一個婚姻或感情問題時，是否以主觀角度處理時有所不同。

感謝金塊文化總編輯余素珠小姐的費心編輯，大力促成這本書的誕生，也感謝我的助理林淑華小姐，細心地打字修正。謹以此書獻給每一位對生命熱愛，對愛情和婚姻充滿希望及信心的男女，與我分享感情的甜美及分擔面對問題時的焦慮愁苦，以及領受問題解決如釋重負的那份成就感。本著愛自己愛他人的心情，願天下有情人終成眷屬，更願天下眷屬均為有情人！

林蕙瑛

中華民國一百年八月三日於洛杉磯

C·O·N·T·E·N·T·S 目錄

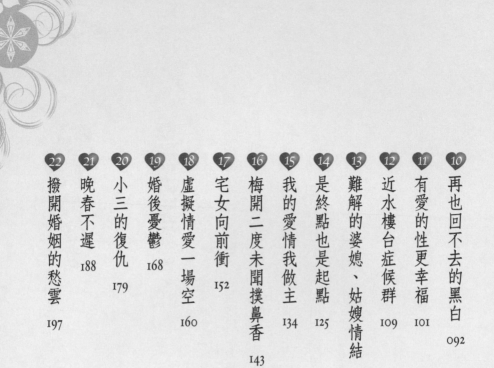

1 候鳥戀歌

說個故事給你聽……

以往，留學生初次赴美是大事，要飛到舉目無親、語言有障礙的異邦，事前的準備繁多，但最擔心的還是找地方住的問題。為省事及安全，通常都是住在學生宿舍，但因與老美學生混住，生活起居習慣不同，宿舍又有許多規定，如果不購買三餐方案，那是非常昂貴又不合口味，就得每餐到公共廚房自己煮食。而要省錢的國際學生可不少，因搶用電爐或弄髒了爐子未清乾淨而引發的怨隙時有所見。因此老中學生為了經濟、方便及講國語，第二學期就搬到民宅過自在的老中留學生生活了。

現在的留學生可幸福多了！台灣留美的學生雖無大陸學生多，卻也仍高居十名之內。每個學校均有正式或非正式的台灣同學會組織，學校的國際學生諮商中心有密切聯絡，有新學生自台來美，同學會都會先以e-mail與之連絡，安排接機事宜，甚至還有更熱心的老留學生提供民宅租賃資訊，或乾脆幫忙先將住處訂下來。

故事一

小芳就是個幸運的留學生，她隻身飛到美國中西部的某大學城，而明德正好被指派去接同機來的三位新生。其中兩位男生一住校、一買車，只有小芳既沒車也想找租處。看著小芳有點慌張的樣子，正好室友回台灣蒐集研究樣本，明德就邀小芳暫住於他兩房一廳的公寓中，每天照顧她。短短兩個月就擦出感情的火花，陷入熱戀中。室友回來後沒多久，就識相地搬出去了。

一整年小倆口相互作伴，支持鼓勵對方苦撐學業，苦中作樂的戀愛令明德雀躍不已。感情路一直不順的他，能擁有天上掉下來的戀情，真是開心。他每封家書都提到女友，也期待兩人課業完成後可以回台結婚，接管父親的工廠。而小芳大學畢業前就因男友劈腿而分手，心裡寂寞生活缺伴，抵美國一下飛機後生活就離不開明德，一切有人打理，自己只要好好唸書即可，所以也就毫不考慮地陷入感情關係。

明德先拿到學位，為了小芳還多留了一學期，才依依不捨地飛回台北，投入父親創辦的事業。小芳接收了明德的二手車，經常讓香港來的博士生劉專搭便車買菜，接觸的機會多了，由熟悉轉為依賴及需求，小芳乃與劉專正式出雙入對，對朋友及家人都說，「明德的身高比我還矮，有鑑於優生學，我當然要找個身高六呎的男友呀！」

故事二

而同樣是來自台灣的留學生圓圓，她的感情路就沒那麼順利了。她一下飛機就被張愷送去大學宿舍安頓，懷著感激的心情，她請他在大學城街上的一家中國餐館吃飯答謝。自此之後，張愷經常邀約她到鄰近鎮上的韓國雜貨店買亞洲食品，也常和大夥兒出去郊遊。從未交過男友的圓圓覺得好窩心，生活也很充實，到了五月份學期結束，圓圓在宿舍關門之後只好先到張愷住處借宿十天，再飛回台北省親。住進去的第一晚就因張愷的親近與挑逗，圓圓心甘情願成為他的女朋友，就這樣熱烈甜蜜地度過十天。

當圓圓三個月後自台灣再回到大學城時，接機的還是張愷，但他卻迫不急待地將她送到宿舍後就要走人。圓圓感覺有異，打電話問同學才知道，張愷一個月前又接到一位台灣來的新生，因她太早來，學校還未開學，所以應邀住進張愷住處，結果又變成情侶了。圓圓非常難過，台灣同學們也都很支持她，她在眼看張愷與新女友在校園出雙入對的情況下咬著牙完成學業，然後帶著一顆受傷的心飛回台灣，進入學校當老師。但在陰盛陽衰的國中裡，要找年齡、個性及興趣各方面合適的對象談何容易呀！

故事二

感情之路不順是常有的事，但有人甚至感情還沒開始就把命送掉了。遭遇最慘的女留學生莫過於來自北京的楊欣了。二十三歲的楊欣於二〇〇九年元月八日自北京飛抵布萊克斯堡，正準備進入維州理工大學的會計系攻讀碩士課程，由於人生地不熟，透過同校學生介紹，而由二十五歲來自浙江寧波的農業與應用經濟學博士生朱海陽前往接機。由於當時學校仍在放寒假，宿舍尚未開放，楊欣曾有幾天借宿朱海陽在校外租賃的公寓。

朱海陽除了協助楊欣安頓外，也帶她出席一些國際學生活動，當時她給人的印象是個很甜美的年輕女性，而他是有禮的年輕男子。中國留學生的圈子已經在謠傳朱海陽幾週來苦苦追求楊欣，但未獲佳人青睞，只把他當男性的朋友，還將他與自己的母親在學校的個人資料中同列為緊急聯絡人。

元月二十一日晚上七時左右，朱海陽與楊欣在研究生宿舍一樓的餐廳喝咖啡聊天，當時還有約七人在店內，兩人並無爭吵跡象，但不知何故，朱海陽竟突然向楊欣下毒手，用廚刀凶殘地將她斬首。警方於一分十五秒後火速趕到現場，但為時太晚，只見渾身是血的朱海陽拿著死者的頭、一把凶刀，以及慘死的楊欣身軀。這是美國二〇〇九年一宗駭人聽聞的凶殺案，男女主角均為遠渡重洋的華人。

問題在哪裡？

兩人相戀雖是兩情相悅，但背後的動機肯定各有不同，正好可以在同一個環境中相容，或者只想把握眼前歡愉，及時行樂，而在離鄉背井，精神上艱苦生活的共同了解與體會，也加強了彼此的支持與依賴，情愫油然滋長。故事一中的小芳，其擇偶對象絕對不是明德，但在陌生的國度及求學生涯中，由於現實所需，她讓明德占據了她整個生活，生活中的緊密很自然就延伸到了臥房，在不討厭且接受明德的心情下，小芳也享受肌膚之親。然而，那基本上不是愛，是依附。小芳一開始就嫌明德不夠高，但她對他的種種需求，已超越她看他的缺點，所以就暫時視而不見。

明德回台灣後，小芳不得不靠自己，適應環境的潛能得以發揮，她的翅膀長硬了，開始獵尋自己感情的目標，主動接近劉專，發展戀情。至於劉專是否真情以待，或兩人是否能以真心相許，就得看後續發展了。但有一點可以確定的是，小芳從來沒有愛過明德，而明德也沒有覺察到各取所需與真愛的差別。

故事二中的圓圓來到異國，第一個接觸的異性是張愷，張愷對初來留學生的照顧之情已先入為主的留在她的心中。其實她對張愷的認識也不深，平時亦無深交，但她第一個想到要求助的人就是張愷，而張愷卻視送上門來的女生為飛來豔福，不挑逗白不挑逗，一試果然成功。兩個人對男女互動發展的動機與定義完全不同，卻在那十天內譜出了近水樓台的戀情。

圓圓本來也不是張愷想要追求的對象，他以為親密行為是兩相情願，不需要承諾與期待，尤其在留學生圈中，這種事情常有，也是身體積壓與心理苦悶的發洩管道之一，生活中有圓圓也好，沒有圓圓也好，完全沒有顧到圓圓的面子及感受。好在圓圓夠堅強，眼見張愷與新女友出雙入對，她自立自強，照顧自己，接受同學友誼，沒有因受傷而受到太大影響，得以學成返台，繼續自己的生涯。

故事三中的楊欣最倒楣，所遇非人，朱海陽是寧波一所大學的教授之子，本是品學兼優的好學生，英語尤佳，學業成績傑出，但個性方面好像有問題，房東說他粗魯好鬥，公寓管理員亦說他不好相處，社交網站上的好友則說他功課壓力本來就大，加上炒股賠本，心情本來就抑鬱，也可能因為與楊欣有感情糾葛，就將所有的積怨都算在她的頭上，以致釀成悲劇。

楊欣與朱海陽原本不相識，他是她來美第一個接觸到的異性朋友。看他清秀俊帥且能言善道，試圖讓楊欣儘快了解學校狀況，楊欣覺得他是一位可以信賴的同胞學長，卻哪裡知道朱海陽背著沈重的心理負擔，渴望有個心靈伴侶能夠時時支持他、陪伴他。就是因為朱海陽操之過急，日日追求，楊欣對他本來就沒有意思，遂漸感不耐。可能是她出言不遜或表達得太直接，刺中朱海陽的要害，使之惱羞成怒，引起殺機。

本來是個很有前途的博士生，卻不安份念書還兼炒股票，不專業又碰上金融海嘯，因為失去太多而想馬上擁有，偏偏感情是無法心想事成的，一月八日才認識楊欣，二十一日就把人給殺了，總共認識還不到兩星期，怎麼可能發展感情關係？且朱海陽缺乏正確的性愛感情觀，他以為一個未娶一個未嫁，他事事幫忙初到此地的留學生，她則事事順從地跟他四處跑，並以笑容回應，這樣就是兩情相悅了，殊不知他們的交往僅是同學間的互動，而楊欣只是帶著感激之心視他為朋友。

以上三則留學生的故事雖各有不同，但最大的共同點是女主角都被男主角照顧過，且都曾住在男主角的租處。照顧者是掌權者，有車就有腳，被照顧者通常都是享受被照顧的安逸，人際界線及心防較為脆弱，感情友情有時會分不清楚。而開車接機者往往都是男生，既然在留學生圈中沒有遇到合適的對象，難免冀望新來的女同學具有追求的可能性。當女孩住進自己家裡時，兩人的距離突然因狹小空間及生活作息拉近了，有時女生穿著浴袍出來或衣著清涼，免不了會引起男性遐想，蠢蠢欲動；而女生也因為想家人念故鄉，想要身心有所依靠，兩個人要湊合，絕對比在自己國內正常交往輕易得多。這種近水樓台感情發酵的威力，遠比辦公室同事近水樓台產生的情愫來得大多了，只是辦公室戀情是白天相處時有互動較有了解，而借住男同學住處的戀情則是積壓的情緒與需求，缺乏感情基礎。

這樣做，會幸福！

現代男女交往，態度行為方面都比較開放，且戀愛的目的也不見得是婚姻，

無心栽柳柳成蔭的案例也不是沒有，但是一般人在男女互動時還是謹慎為上，以保護自己為重。既然有錢出國留學，搬進自己住處之前先住旅館也行，或者住進女性同學住處，誰也不知道無心住進男學長的住所會發生什麼樣的事，並不是指男生心術不正，而是兩個人在那樣的環境與時間點，所擦出來的火花不見得是愛情的前奏，熊熊慾火會燒傷人的心，各取所需也不是真愛。

要做男女朋友還是按部就班交往吧！還是一句老話，「害人之心不可有，防人之心不可無」。

2

緣盡怨未了

說個故事給你聽……

大學時就認識，他是學生會會長又是才子，能說會寫，功課又棒，爸媽喜歡極了，他父親又與我父親大學時是前後期同學，倍感親切，極力促成這門婚事，而我們也的確互有好感，也算戀愛過，乃在大家的祝福中先結婚再留學。

浩中留學期間，我生養兩個小孩，做家事，還得替他打報告及去圖書館找資料，他除了認真讀書外，還努力幫教授做研究以賺取生活費，自己也是不斷地發表論文。我們的交集只有在家裡，但家就是我們共同擁有的，我覺得充實而滿足。

他畢業得到教職後經常飛往各地開會，我有孩子要照顧無法跟隨，最盼望就是他出遠門回到家時，狼吞虎嚥吃我煮的家鄉菜，我才感到我存在的重要性與必要性。我並不知道從那時開始，他就與其他女人交往。據他自己後來宣稱，是許多能幹漂亮的女性欣賞他年輕有為，慕名而來攀談而展開互動。

當浩中決定要回台灣發展時我喜憂參半，高興的是回自己的國家，孩子可以接受中文教育，憂的是台灣女孩很熱情，我怕浩中失守。沒想到他應聘於南部某學術機構從事研究，另外以我的名義開了一家文化公司，業務包羅萬象，包括出版社、名嘴演講及補習班，為了浩中的聲望及前途，我只好帶著孩子上班，好在他們已讀小學，容易照顧。從那時候起，我們就沒有性生活，每天各忙各的，也經常夫妻聯袂參加各種活動，他是圓滿的明月，我只是陪襯的一顆小星星，而他身旁卻不知道有過多少顆小星星。

十五年未曾有過性生活，我曾要求過，他說他太累，我也發過脾氣怪他不體貼，他總是嫌我嘮叨愛碎碎唸，不願進行對話，我也不想熱臉貼冷屁股。兩個孩子就跟父親一樣，什麼話都悶在心裡，也嫌我管東管西，而兄弟很快地應允浩中的提議，到美國念高中大學，還強調不需要我陪同前去安頓，就這樣，我一人苦撐這個家及出版社，我感覺好累好空虛喔！

我早就懷疑他外面有女人，但苦於無證據，而我是很傳統的女人，我怎能四處去問人呢？太沒面子了，於是他在家時我們像室友，他到國外出差時，我過著我的單身生活，但別人看我不是我玥玥個人，而是陸浩中的太太。直到有一天，為了他寧可在我赴美探望孩子之後再赴美看他們，也不肯跟我同時間搭飛機一起去，我們大吵起來，他居然把積了二十幾年的怨恨傾吐而出，足足講了半小時。

「我當年就不應該娶妳，我們的個性根本不合，都是妳爸媽硬要說服我父母，我忍了二十幾年，不想再忍了。我告訴妳，我有一個女朋友交往五年了，她跟著我出國旅行，她服侍我，最重要的是她懂我的心，我們談得來，是心靈伴侶也是親密戰友，在往後的人生旅途中將共進退。不要以為我五十幾歲沒人要，我告訴妳，妳所認識的妮玉、明娜、淑華，以及許多妳不認識的有名有地位的女人都跟我上過床，我是很受歡迎的，沒有人像妳這樣愛罵人又沒情趣！我當然不會跟妳離婚，我們保持現狀就好了，拜託妳以後不要再來煩我好不好？」

驚嚇之餘，玥玥終於鼓起勇氣打電話問浩中的好友，他證實了浩中的五年婚外情。後來又從其他人口中問出他過往的許多情史，原來連自己的親妹妹也都見過浩中帶著不同女友在外用餐，而她居然是最後一個知道的。

問題在哪裡？

「為什麼妻子總是最後一個知道實情？為什麼大家都要護著做錯事的丈夫？」

「我到底做錯了什麼？到頭來浩中對我說了這樣的話？」

「他為什麼要告訴我他所有的情史？耀武揚威對他有什麼好處？」

「他說我也可以去交男朋友，我是從一而終的人，不會去做那種事的，他還真是假大方！」

「我不甘心，而且為了面子，我也不會離婚，誰也不能搶走我陸太太的地位，只是他把話說得這麼明白，我以後該怎麼辦？」

「孩子們跟他爸爸一樣討厭我，我以後如何自處呢？」

玥玥很委屈很驚恐地吐出一連串的問題，邊說邊哽咽流淚，婚姻諮商師幫她抓出問題的核心：「妳來諮商的兩大目標即為婚姻關係的存在之道，以及妳該如何自處，妳的確受了很大的傷害，我們得先處理妳的情緒，平靜下來之後才能面對現實，處理問題。」

這樣做，會幸福！

玥玥仍具有許多傳統的觀念，如「妻子幫丈夫是天經地義」、「面子最重要」、「嫁雞隨雞」、「夫妻在外得維持美滿婚姻的形象」、「從一而終」、「丈夫有外遇是罪人，我是聖女」及「婚姻存在是理所當然的」等等，看起來很有道理，但是要視時代背景、個人的個性及關係的本質而做有彈性的修正。玥玥一直恪守這些信念而不知丈夫的心態及在外種種行為，仍然頂著陸太太的光環，即使明知缺乏性生活是有些不對勁，她寧可不往壞處想，知足地過她的婚姻生活，其實是相當鴕鳥心態。

就是因為玥玥不願意在感到不對勁時與朋友討論或請教婚姻諮商師，十五年來都以為婚姻生活比上不足比下有餘，很多細節都不去注意，許多溝通的機會亦任其溜掉，怎麼也沒想到在大吵之時丈夫丟了一顆威力強大的核子彈，將她炸得粉身碎骨。躺了三天才恢復思考，帶著滿心傷痛向親友打探虛實，此後她的腦海裡就多了數十位女性假想敵，她認為全是這些女人勾引浩中有外遇，心中不停的咒罵她們不會有好報應，當然也咒罵先生是骯髒下流沒品。

諮商師勸慰玥玥，震驚、被背叛、憤怒、傷心、怨恨、委屈及不甘心的心情是必然的，但這些事情都已經發生很長一段時間了，重要的是能夠勇敢地回顧漫長婚姻，檢討婚姻中的互動並自我反省，試著找出真的是個性不合，還是婚姻到底哪裡出了問題。丈夫外遇行為是不對的，他先前也跟玥玥一樣感到不對勁，卻未提出來討論，等玥玥質疑時他卻採防衛態度不願溝通，兩人鴻溝逐漸擴大，浩中就開始向外尋求慰藉及性滿足。因此玥玥也得瞭解，自己與丈夫同樣都必須對婚姻出問題負起責任，並不是乖乖牌的傳統妻子婚姻就一定保得住。同樣地，一個乖乖牌的傳統丈夫也不見得能瞭解妻子的感覺及需求，而婚姻關係就是這麼弔詭。

浩中不是不想維持婚姻，否則他就不用隱瞞多年，而且他很瞭解一般人的心理，沒有人願意當壞人去向玥玥告狀說他有外遇，誰也不願意破壞人家的婚姻，所以他才肆無忌憚地與女友公然出入。如果不是因同樣的老問題而大起衝突，浩中也不會豁出去，揭露自己多年外遇行徑，還以重話來刺激妻子，不過也可以看出他對五年婚外情的投入，他也不想再隱瞞下去。只是盛怒之下，他武裝自己，抬高身價，目的是要打擊玥玥，而他的目的真的達到了，夫妻結髮二十幾年，的確不夠厚道，兩人個性不合也是事實，都能相處這麼多年，本來可以選擇較溫和的揭露方式，但雙方都在氣頭上，不論幾十歲人情緒都會難以控制的。

玥玥的當務之急當然是心理復健，不能被浩中的行徑及氣話擊倒，既然雙方都不想離婚，就得學習在同一屋簷下和平相處。江山易改本性難移，但個性特質可以修正。因此玥玥可以學著看開放開許多事，溝通時說話有重點，避免重覆，且要經常帶著笑容而不是滿臉憂戚，丈夫或小孩返家時會感覺氣氛不同，比較願意聊天，也就開啟了溝通的管道。

過去情史對浩中而言已經結束了，玥玥又何必痛恨假想敵並咒罵丈夫，只會跟自己過不去，受害一次已太多，不需受害兩次。至於目前的第三者，是丈夫的最愛，一隻碗敲不響，氣她也無濟於事，只有增加自己的女性魅力，才能讓丈夫對家庭有向心力。五年的婚外情不是一時可以擊破，也可能永遠都擊不破，既然選擇不離婚，就得試著與它共存，但也不要放棄婚姻實質關係的希望，而是自己先努力與浩中做回朋友關係，有了友誼的基礎，雙方不再怨恨或討厭對方，自然可以慢慢削弱婚外情的緊密。

玥玥花那麼多時間及心力在孩子身上，沒有孩子不愛自己的母親，只是玥玥老用自己的方式去愛他們，而不是用他們喜歡且能感受到愛的方式去愛他們。孩子像浩中是遺傳，不是他們的過錯，親子關係與夫妻關係是不相同的，如果玥玥能放下身段主動出擊，詢問兒子對母親的期望，他們會說出心聲的，親子關係的重建與發展，將會是玥玥人生的慰藉與資產。

玥玥走過諮商歷程，想通了許多事情，不再固執於對或錯，有了一些新的想法，對人生不再覺得憤恨不平及悲慘無望了。她對自己有信心，知道自己優點仍在，且可以變得更好，也承認每一個人都有缺點，可以改進。她瞭解到以後的情況不會比現在更糟，如果能夠再度擁有浩中當然是好事，如果不行也沒關係，現在不等於沒有丈夫嗎？「我自己過得好最重要！」

於是她繼續經營自家文化公司，也能面對朋友談論自己的狀態，親友們都覺得她很勇敢很堅強，除了溫暖支持外，對她還多了一份尊敬與佩服。

3 他的情慾vs.她的堅持

說個故事給你聽……

大雄與小美是同校學生，有一次在圖書館坐同一桌各自讀書，小美因為誤拿了大雄的統計課本，次日急忙依著課本上大雄寫下的系級及姓名拿到教室歸還，甜甜的笑容、柔和的道歉挑起了大雄的情意。他買了兩張音樂會的票，大膽的邀請小美，她居然答應一同觀賞，兩三小時的相處，增加了彼此的熟悉度，以後在校園見面隨時可以聊天，談話的主題也就越來越廣了。很巧的，兩人都是初次交男女朋友，抱著忐忑不安又期待的心情一次又一次的約會，由拉手摟肩到擁抱親吻，也只不過是兩個月的事情。

由於對彼此身體逐漸熟悉，兩人逗留在小美住處的時間越來越多，大雄的兩手總喜歡在小美的身體遊走，上下移動，小美半推半就的態度與輕微的呻吟，激起大雄高度的情慾與興奮，幾乎每次都箭在弦上，很想進入小美的身體。而小美其實也是非常享受愛撫，那種撩動酥麻的快感，就像吃了嗎啡，很想一分鐘一分鐘的綿延下去。但是每當大雄將自己的內褲退去，動手要來脫除半裸小美的小三角褲時，小美腦中總是浮現母親的叮嚀：「女孩子在婚前發生性行為是骯髒的，女孩子在新婚之夜必須要有潔淨之身，要不然會被人家看輕，婚姻就不會幸福。」母親在知曉女兒有男朋友後就一再地耳提面命，小美一想到自己將成為不潔之人就立刻煞車，將大雄推得遠遠的，並立刻搬出媽媽的話做為擋箭牌。

起初大雄還覺得小美是個聽媽媽話的好女孩，當然要尊重她，心甘情願地撤兵，但是日子久了，一次比一次不捨得離開小美的身體，總是在進攻與撤兵之間掙扎，最後還是勉強收兵斷念。然而兩人之間的親熱動作，隨著大雄逐漸升高的情慾衝動，越來越A級化，經常脫光擁抱愛撫，也一起洗澡。小美卻是嚴守最後防線，一再強調接吻、擁抱及愛撫是底線，只要大雄稍越雷池，她立刻變臉，起身穿衣服，罵他好色且見色忘愛，氣氛盡失。尷尬的大雄腫脹依舊，久久不消，而小美毫不關心憐惜，因為她根本無法瞭解大雄的身心感覺。

大雄小六時就看過A片，也因此而自慰，曾經沉迷於洩精的快感，國中時每天一次，直到上高中大學後因有太多事情要忙，成為每周規律的兩次。但是自從陷入熱戀後，他無心自慰，只想進攻小美；他也不想自慰，怕小美發現會生氣或瞧不起他，因此已經有好幾個月處於情慾高漲卻是被迫禁慾的情境中。

問題在哪裡？

「老師，我是活生生的男人，這幾個月簡直是生活在水深火熱中，親熱本是愉悅之事，現在卻成了身心大煎熬，整個身體都快爆炸了，她卻怡然自得，為此我們吵了好多次，她指責我不夠愛她不尊重她，我就是太尊重她才會自嚐苦果！」

「這幾天我備覺痛苦，但又不能為這種事與小美分手，所以我想豁出去，上網路找一夜情，才能讓我身心平衡及舒暢，不然我整個人都快炸開了，無心念書，也不知如何與小美平和相處！」

「這樣做，一旦被她發現了，戀情可能告吹，但如果我對小美硬來，她也可能會離開我，我到底該怎麼辦呢？」

這樣做，會幸福！

大雄身心備受煎熬是事實，他也在思索解決方案，但他看到的方向是如何解決身體的積壓與對性交憧憬的釋放，雖然能預見可能的後果，卻是短視，只能對自己治標且會傷害到兩人關係。他因為年輕，初次面對情慾的巨大引誘，難以把持，但因本性純良有教養，疼愛女友也尊重她，在女友的拒絕下，自己勉強收兵。一直處在情慾與女友臉色的拉鋸戰中，原本可以相容的兩件事成為對立，他自己深受困擾，而女友得時時提防他跨越雷池，也就變得經常責怪他，「為什麼一親熱就想做那件事？」

年輕人互有好感，相處融洽，就很快地進入探索彼此身體，享受碰觸快感的階段，但雙方各自的性愛感情觀尚未自我檢驗，可以說連想都沒有想到過，當然就不可能做所謂的性觀念溝通與交流，只是憑著新奇、渴望與冒險，互相愛撫感受愉悅。雙方因為對性愛的認知與立場不同而導致衝突常吵架。茲就認知、情緒及行為三方面分述之：

一、認知

認知即為觀念，從小到大父母不與孩子談性說愛，學校性教育也點到為止，青年男女抱持著似是而非從未開口驗證的性愛感情觀，就開始在兩性關係中探索性的奧妙，帶著無數不正確的性觀念談戀愛。

大雄的性迷思：

1. 男女相愛一定要性交（陰道交）。
2. 愛撫必是性交的前奏。
3. 有女朋友就不能自慰。
4. 女友不肯做愛只好找人發洩。
5. 性愛是只能做不能說的。
6. 女友會因我自慰看輕我。

小美的性迷思：

1. 婚前有性行為是骯髒的。
2. 男友聽我的就是愛我。
3. 性愛分寸是可以規定的，不須溝通。
4. 男友見色忘愛。
5. 男友的性慾是他家的事，讓他自生自滅。
6. 性愛是男攻女守。

二、情緒

個人情緒隨著不正確的認知而浮現，因此大雄因想要進入女友的身體而興奮異常，卻因被拒絕而尷尬失望，因吵架而沮喪挫折，也因被責怪而感到不平與委屈，尊重之心變成埋怨之情，整個人被負面情緒所籠罩，愛成了理性，慾卻是難以駕馭。而小美則是以憧憬期待之情及信任之心接受大雄的愛撫，也因自己規定了底線而有安全感，享受舒服、刺激與愉悅感，卻因大雄步步進逼而心生恐懼，深怕自己成為不潔之人，立刻變臉生氣，男友雖順從撤兵，她仍埋怨不快，總會有一小段冷戰期，兩人從未學習去處理情緒。

三、行為

不正確的認知導致引起困擾的種種行為，大雄有情慾是正常現象，他以前以自慰來宣洩，有了女友就因一心想有陰道交而放棄自慰行為，性需求堆積未能紓解，只好一再要求愛撫企圖達陣，卻因每次被拒絕而與女友起衝突。小美被挑逗撩起情慾，也渴望親熱，亦是自然傾向，但亦訂下規定，且不斷當糾察隊，使得身體反應與理智行為相左，不但自己內心衝突，也引起關係危機。雙方無建設性的行為如下：

1. 男攻女守，模式反覆。
2. 男方放棄自慰。
3. 雙方身體力行卻無口頭性溝通。
4. 女方既要親熱又要推開男方的矛盾行為。
5. 雙方都讓自己處於沉淪情慾的親熱環境中。
6. 女方口出惡言「見色忘愛」。
7. 吵架冷戰後並未針對事情溝通協商。

然而，大雄總算做對了一件事，他並未因性衝動難消而向外找女性發洩，他帶著理性來做諮商，呈現困擾。說出來有人傾聽與同理當然會舒服些，然後就得正視問題。而他自身的困擾不是問題，真正的問題在於兩人的關係，若雙方在性方面觀念相似，對親熱一事有共識，行為能配合，則可相安無事地享受個人性愛或雙人性愛。

溝通為首要之事，大雄應坦然告訴小美，男人的性激發狀態，一旦被肉體接觸引發興奮，慾望高漲時，看得到不能插入是很痛苦的事，不論是主動尊重小美或被她推開，對男人來說都是莫大煎熬，因此希望小美能體諒他的狀況，兩人敞開心懷談性事，若不想做愛，則減少親熱頻率，並盡量少逗留在小美的租處，他才不會陷入難以自拔的兩難之中。

婚前性行為本身是中性的，無所謂好壞與淨髒，而是從事性行為的未婚者是否身體自主、情慾自主，感情關係是否達到成熟地步，心理及身體是否都已經準備好了。如果雙方都有共識，婚後才要發生性行為，那就是大雄與小美的共同決定；如果雙方都有性需求且已做好心理建設，兩個成年人就得擔負起保護自己及雙方的責任，對自己的行為負責。

因此小美若能修正自己的性迷思，體諒與同理男友的需求及苦楚，檢視自己的需求，覺察到一些自己不自知的行為，多與男友分享生活中及親熱時的種種感覺與想法，雙方感情提升後，在討論任何事，包括可否有婚前性行為的議題，就自在多了，且容易達成共識。

由於愛情的力量，小美被大雄誠懇的態度感動，答應一起前來做性諮商，大雄選擇對小美坦誠他曾經因感覺快爆炸而有找一夜情的念頭，目的是希望小美瞭解他對她的尊重。照理說年輕女孩對此大都會動怒，然而小美在性諮商師的引導之下，以正向思考詮釋之。她感動於大雄對她的尊重，沒有霸王硬上弓，認為他的念頭只是想想而已，也可能只是性幻想，如今向諮商師及女友道出，在說出的那一剎那就已經是一種紓解了。小美也瞭解自己對母親的管束有許多內化，尤其在性方面，她願意與大雄一起閱讀性教育與兩性關係的良好書籍，且在充實這方面知識的同時，也要致力於培養感情，奠定關係基礎，也許不必等到結婚那一天，只要自己準備好了，她並不排斥有性行為。

4 曖昧的吸引力

說個故事給你聽……

咪咪今天休假，在家睡到快中午才起床，準備吃早午餐時，振平正好回家找隨身碟。當他在書房時，放在進門玄關處的手機突然發出嗶嗶聲，咪咪知道他有簡訊進來，好意拿起丈夫的手機想幫他看看有什麼重要訊息。一看之下，簡直無法置信：「你真的好棒，好有學問，我滿腦子都是你的影子及笑容，想念又想念！」

如五雷轟頂，不可置信，咪咪拿著手機走到振平面前直盯著他，振平聳聳肩不說話。咪咪很快換了衣服拿了皮包要出去，振平求她不要走，因要趕去開會，晚上再詳談。等振平趕去開會後，咪咪立刻翻出上個月手機帳單的明細表，一個一個對號碼，果然看到振平在一些中午時段及她還未到家時打了好幾通同一個號碼的電話。她突然變得很激動，拿起電話就撥打此號碼，一個清脆的聲音，「請問有什麼事嗎？」但聽完咪咪的質問後，對方變得急促而防衛：「我們只是聊聊天而已，又沒怎麼樣，哼，我看妳還是好好管管妳丈夫吧，為什麼他要跟我聊天而不跟妳聊天呢？」

咪咪的眼淚霎時全噴了出來，把對對方的怒氣與嫉妒全算到振平頭上，又想起當初談戀愛時他也曾和一個女孩勤通簡訊，還誆稱是工作需要，也是她打電話去開罵，對方才制止此情況。當新恨舊怨全湧上來時，咪咪的第一個念頭就是要離婚，兩個小時後她坐在諮商室中，一把眼淚一把鼻涕地述說始末。

問題在哪裡？

「離婚？妳才結婚一年，雙方還在適應期就要放棄了？震驚與憤怒是免不了的，但是一通手機簡訊就把妳擊敗，值得嗎？」諮商師點出重點，引發咪咪看清現實，只是咪咪仍被負面情緒籠罩，開始鑽牛角尖了。

「如果不是我正好發現，兩個人不知道會發展到什麼地步，搞不好開房間去了。我就知道振平喜歡享受女人崇拜他，而那女人明知他有老婆還硬貼上來！」

「咪咪，如果妳要離婚，振平與第三者如何發展就是他們的事了。倘若妳要留在婚姻中，那就給振平一個解釋及自新的機會，因此我們晤談的重點先放在妳如何看待手機曖昧簡訊這件事。」

「哼，曖昧才是最有吸引力啊，再曖昧下去就不得了了。」

「來，我們往正向看，就是因為還在曖昧期，所以容易斷，了無牽掛，對妳的婚姻關係較有利。」諮商師指出問題關鍵。

「我想我是沒辦法待在婚姻裡了。即使他們斷了，以後我是不是每天都會擔心、緊張、焦慮、懷疑振平是不是老毛病再犯？這已經是第二次了。以後我是不是一看到他的手機就疑心？只要我不在他身邊時，他都有可能講手機或傳簡訊給別人，我總不能每半小時撥一次電話給他吧！」咪咪越講越激昂。

「為什麼我要讓自己過得那麼痛苦？第一次在婚前發生，我原諒他了，給過他機會，這一次他是死定了，我們也玩完了！」

「瞧瞧，妳還是那麼生氣，詛咒振平、詛咒婚姻，那妳還剩下什麼呢？」

「哼，離開心更寬！」咪咪賭氣說，眼裡還滾著淚珠。

「妳是在逃避，不肯面對問題。手機情只是一個導火線，真正的問題在於你們的互動關係，到底是什麼原因阻礙了你們的親密互動？還是振平的人格有問題，生性風流？光想要趕走第三者，制裁振平，不僅難以平息怒火，對婚姻關係也不見得有幫助。」諮商師指出問題。

「哦，是這樣嗎？那我先不離婚好了，我打算先搬出去一陣子，給他一個教訓，然後再說吧！」咪咪只聽進去一半。

「離婚的念頭才剛平息，妳又要離家出走製造新問題了。」諮商師語意深長地說。

「哼，我寧可一個人住也不想看到他，哪能如此輕易放過他？他會以為很快就沒事了，反正我都會原諒他，就像婚前那一次，他一直說道歉還寫悔過書，有用嗎？我會聽妳的話給婚姻一次機會，但絕不是輕易原諒他！」

這樣做，會幸福！

「咪咪，妳不是聽從我的話，我只是引發妳理性的思考，手機情背後的婚姻互動必有嫌隙，第三者才會趁虛而入，離婚只是逃避這些問題而已，搬出去住一陣子雖說是懲罰振平，是否也在處罰妳自己？」婚姻諮商師不疾不徐地說。

「至少我可以出出氣，他憑什麼這樣對我，我又沒做錯事！」咪咪還是不平。

「手機情當然是不對的，當事情被妳發現後，振平一定也處在不安、擔心與焦慮中，他也害怕會失去妳，目前他必然無心上班，而那個女孩被妳一鬧，大概也不想和振平繼續搞曖昧了。」

「難道我就不害怕、痛苦？」咪咪哽咽。

「是啊，最傷心難過的就是妳了，只是妳和振平都處在煎熬中，對婚姻關係沒有幫助，生活作息也會亂掉，尤其妳剛才說要搬出去住一陣子，妳認為搬出去住很簡單嗎？」

「我可以先住在我妹妹家，雖然她有小孩會很吵，但住上十天八天我大概還可以忍受。」咪咪打著如意算盤。

「妳賭氣硬上妹妹家住，有考慮過她們的方便與立場嗎？這種事通常要由雙方當事人一起來處理，即使親如妹妹也最好先不要讓她捲進來，事情要越簡單越好，避免由簡變繁。」諮商師提醒。

「那我待在家裡難道不會越想越氣？我需要平靜！」咪咪開始讓步了。

「沒錯，妳就是需要平靜下來，那是妳的家，可以一個人獨處，也可以與振平共處。其實妳也很想與振平像以往一樣在家裡快樂的生活。妳並不是真正要離開他，所以現在在這裡抒發情緒整理心情後，妳可以回家好好休息，做最壞的打算，等振平下班回來向妳講述事情始末，看看他的表現及如何打算。他若看到妳出奇平靜，他就會瞭解事情的嚴重性，他本來必然預期妳會兇狠哭鬧，現在妳使出平靜這一招，他就不知道妳葫蘆裡賣的是什麼藥，心裡必定七上八下，這就是心理戰術，妻子兵法。」諮商師一口氣說完。

「然後呢？」咪咪聽得入神。

「然後妳就要振平說出對婚姻關係的不滿與期待，雙方討論如何重整互動關係，雖說結婚才一年，兩人住在同一屋簷下日復一日，也會有理所當然及漸趨平淡的感覺。現在最重要的是如何重建信任，將激情找回來。」

「我還是不太清楚要怎麼跟振平談，我一定要他向我悔過道歉及承諾絕不再犯。」

「咪咪，使出妻子兵法時，妳是心理學家，並不是法官在審問犯人。」諮商師幽默地說。

「哦，那我怎麼知道他有沒有誠意？」

「承諾不再二心，不會再傷妳的心，當然是必須的，但若只是口頭承諾是不夠的，必須給他時間來證明，因此接納他、相信他是第一步，然後邀約他一同來做婚姻諮商。在專業助人者的引導下，雙方可以學習做深入溝通以促進瞭解，經過婚姻諮商的催化及介入，夫妻被鼓勵以口頭及肢體動作表達情感，而且最重要的，在諮商歷程中，雙方重新看待手機情這件事，化傷害為力量，攜手往前走。」諮商師建議並說明。

「剛發現有曖昧簡訊那一剎那，我想到振平的不忠及我的婚姻要完蛋了，但與您談過之後，我覺得沒那麼糟糕，我在婚姻中原來還是使得上力，我的婚姻居然還有希望。我要回家與振平好好談談，我會再跟您約時間帶他來做婚姻諮商。」咪咪真的覺得好過多了。

婚姻諮商師以現實治療學派及理情行為學派的觀點，與盛怒中前來求助的咪咪談話，試著安撫她的情緒，並一直將她自牛角尖中拉回現實，透過手機情事件正視婚姻互動關係，並一再地引導她以理性思考來替代非理性思考，終於讓她看清楚，怒氣過後，她自己能在創傷中慢慢平復，撥雲見天，恢復理性，先知道自己要什麼，然後再帶領先生一起來看手機情及重整婚姻。

就因為咪咪處理得當，振平知道自己的玩性傷害了妻子，並已對婚姻造成威脅，他不能再以「我跟對方又沒怎樣」為藉口來玩他的感情遊戲，心甘情願一起做婚姻諮商，雙方重新來過，經營親密關係。

5 慾望的秘密花園

說個故事給你聽……

三十七歲的玉如是公司中級主管，漂亮、能幹、大方，笑容甜美且能言善道，極有男人緣。婚前交往過兩個男友，均因個性不合而分手，二十八歲時認識文明，感覺相處自在，交往兩年結婚，育有一子一女，家庭生活運作良好，一直到兩年前，玉如藉口工作忙碌身體累，缺乏性慾，先生乃體諒地不再要求，自己以DIY方式解決，但夫妻感情看起來還是和以前一樣融洽。

玉如在工作上有機會接觸異性，在非工作的場合也有仰慕者，有些男性並不知道她已婚而直獻殷勤，也有人明知她已婚卻想一親芳澤。她的第一個外遇對象是某企業的總經理，從似有情若無意的普通交談、用餐，到在飯店餐廳醇酒美食的明顯撩撥，玉如很享受那種新鮮及刺激感，也就順著自己的情慾與男友到飯店房間度過激情浪漫的兩小時。

三十二歲開始有外遇，五年來不知換過多少男人，與每個男人大都交往三個月左右，也有更短時間的，還有過同一段期間與三個男人有親密關係，玉如得精心策劃約會時段，又得編理由在外逗留，她卻樂此不疲，而且還絕不耽誤上班時間及公事，又能將家事處理好，照樣相夫教子。她真的很享受與雙方都看對眼的男友交往，然後進入性關係，兩情繾綣的歡愉感。

然而玉如也不是全然沒有隱憂，她也知道自己的行為被世俗所不容且是高風險，萬一被親友或同事知道了，顏面盡失，她也可能受不了風言風語，或是被丈夫發現了，婚姻必然完蛋，孩子就會受苦，又若碰上居心不良、糾纏不休的男友，脫不了身麻煩就大了。這些念頭有時會浮上心頭，而自己心中的秘密好像越積越滿，直到有一天她下定決心想找專業人士談談。

問題在哪裡？

玉如先向諮商心理師講述自己的情況，最後拋出一個問題，「請問我該怎麼辦？」諮商師乃反問她：「妳說的隱憂即是妳所擔心的事情，請告訴我是什麼行為造成妳今日的不安、擔心及焦慮呢？」

「我綿延不斷的婚外情！」玉如有點不好意思的回答。

「是婚外情，還是說婚外性會比較貼切？」心理師要她澄清。

「婚外性吧！」玉如承認。

「是因為男人們追求妳，妳才和他們有性行為，還是妳本身喜歡追求性刺激？」

「都有吧！」

「那妳說妳覺得跟先生做愛沒意思，是先生做愛的方式缺乏技巧，還是妳想追求不同的刺激？」諮商師進一步確認。

「我比較喜歡多樣化，不同男人談情說愛的方式不同，做愛的感覺也不一樣。」

「所以妳的問題應該是無法控制自己與不同男人發生性行為，而行為背後則是因為妳極度享受激情刺激的感覺，這種感覺一再增強妳婚外情的行為，而這些歡愉感覺的背後則是妳的認知，『我必須滿足我的性感官，所以我要追求它』。」諮商師下診斷，分析她的問題。

「您是說我『慾令智昏』？」玉如靦腆的笑著問。

「妳歸納得很快。是的，如果妳想停止卻無法做到，這就是性成癮的一種，心裡想說『NO』，身體卻不斷地說『YES』。」

「那我該怎麼辦呢？」玉如開始有點慌。

「妳看妳又回到原始問話了。我不能告訴妳該怎麼做，但我們可以一起討論，商量出一些可行的方式，讓妳來幫助自己處理妳的情緒及行為。」

這樣做，會幸福！

由於玉如深知自己婚外性行為是不妥的，也無法長久下去，她在第三次晤談時就表達她其實也玩夠了，逐漸會在這次慾望與下次慾望之間的冷卻時刻思考未來，她確定自己還是愛家、愛丈夫及小孩，總是希望往後的日子可以過得風平浪靜，不要出差錯，所以她同意第一階段諮商目標為控制自己的慾念，停止婚外性行為，而最終目標當然是整治婚姻關係，重建夫妻親密感，再燃激情。

「我的男友一個個都對我非常好，欣賞我、崇拜我，想辦法接近我，每個人各有一套追求方式，而就在有了熟悉感到滋生情慾那段曖昧不明的期間，最能撩撥心弦了，我會產生許多的期待與憧憬，然後真的上床了，那種狂熱激盪的感官感覺真是舒服到不行。」玉如終於能夠自在的對諮商師自我表露，也能對自己坦誠。

「聽起來，妳自己對求愛過程的心理期待及對感官享受的憧憬，都是靠不同的追求者來實現及滿足，但妳有沒有想過，那些男士對妳獻殷勤也是想要一親芳澤，實現幻想，滿足私慾？」

「這就是各取所需啊！」她覺得還公平。

「各取所需不就是工具性的關係而非情感性的關係，也許他們不會糾纏妳，但一旦出現對他們不利的情形，必然落荒而逃，不會真心疼愛妳、保護妳的。如果妳真的只需要『性』，眼前的滿足是沒問題，然而妳享受被追求、喜歡被疼愛的心理渴望之被滿足，其實是自己欺騙自己，對男人來說，只是為達目的之手段而已。」諮商師深入分析。

「哦，是嗎？我沒想那麼多。」玉如有點意識到風險之內涵，「可是到目前為止，我的感覺都還不錯耶，是不是我的運氣還不錯？」

「依賴運氣是不保險的，只要一次碰上居心不良或自私自利的男人，例如，不願避孕或有性傳染病，甚至想勒索妳，只要一次就全完了。」

「我也想過，但我交往的都是有身分有地位的男士，他們也要面子啊！」她有點不解。

「會游泳的人也有淹死的可能，千萬不能自恃運氣好，且性伴侶都不是等閒之輩，男人女人在性方面、人品方面均不是靠身分地位來衡量，最重要的是有一顆善良的心。我當然也不是說妳交往的男士都不善良，但這些被情慾沖昏頭的人只想得到妳的身體，假借給妳快樂之名享受，實際上在破壞妳的婚姻，而妳自己則故意忽視婚外性的破壞面，不斷地告訴自己享受性愛才是樂趣，只要把丈夫安撫好、小孩照顧好，婚外性與家庭生活應不會衝突，把自己錯誤的行為合理化了。」

「可我還是對丈夫小孩一樣好啊，我說不想做愛，他也不強求，那就不是我的問題了。如果我的性需求不能滿足，我說不定會很煩躁，每天對家人沒好臉色，那不是更糟？」玉如還在合理化自己的行為。

「婚外性與夫妻性關係聽起來像是兩個議題，但在妳的情況中，已被妳的性需求串聯成一個議題，也就是說，如果夫妻性生活有聲有色，花樣翻新，能滿足妳的心理期待與生理需求，妳與男友談情做愛的慾念可能會低些或消失，那妳就不會有隱憂與擔心了。」

「喔，我以為我是性與愛可以分開的女人？」玉如一邊咀嚼諮商師的話，一邊詢問。

「性與愛有時是可以分開，妳認為妳愛的是先生，卻可以與其他男人有性，而那些男人不也是『愛』在家裡，『性』在妳身上嗎？然而性愛合一才是最佳境界，妳曾有過這種感覺或境界嗎？」

玉如沉思了一分鐘才回答：「我一直都以為喜歡一個人，然後與他做愛就是性愛合一，但後來我感覺到喜歡不一定是愛，我雖然愛我先生，但我跟他不享受性，我雖然與男友享受性，卻只是喜歡他們而已，所以我認為我不曾有過所謂性愛合一的感覺。」玉如真心真語。

「那妳願不願意試試看？給自己一個機會，也等於是給丈夫一個機會去重燃慾火，重建性愛關係，妳覺得這個提議如何？」諮商師以邀請的口氣指引方向。

「也許可以吧，可是……」玉如有點遲疑。

「很高興妳的思考從不能控制的婚外性轉移到可以自主的婚內性，至少妳願意考慮。沒有人能夠強迫妳，妳自己回去想想吧，我們常說『我很想……，可是我不能，我做不到』，其實是自己不肯去想方法克服困難。現在妳領悟到婚外性的風險，如果想重回到婚姻及正常的夫妻性生活，大前提當然是不再接受男友的追求，克制自己不去赴約，妳才能全心投入夫妻親密關係的改善，而積壓的性慾也能在丈夫身上釋放出來，其實是很值得一試的。」諮商師鼓勵玉如。

「我願意試試看，但我沒有把握能切斷婚外性。」

「妳剛才說『也許可以吧』，現在說『願意試試看』，這就是很大的進步了，不用擔心做不做得到。只要妳真的去試，就不枉費我們這四次的晤談了。」

玉如思考了兩週，在第五次會談中承諾願意減少男友的數目及與男友見面的機會。兩個月後，她只剩下兩個男朋友，她說，「很難斷掉……，但我不會再交新的男友了。」玉如主動提出中止諮商，她很感謝諮商師協助她，鼓勵她去處理自己的婚外性，她時常回想諮商師的分析與輔導，對自己做了回顧與整理，希望不久的將來可以邁入第二階段的諮商——與先生一起來做婚姻諮商與性諮商。

也許讀者會認為故事主角玉如在諮商過程中洞察不足，而諮商的效果也值得懷疑，然而就玉如本身而言，她就是覺得快樂之中有隱憂，長期背負著一個秘密的滋味並不好受，所以才會找上婚姻諮商師，證實了她的擔心是有來由的。諮商師引導她看到情慾以外的其他面，也引導她回頭看自己的婚姻生活以及生活中重要的他人——丈夫及孩子。

諮商師並沒有評斷玉如的行為，也沒有要她立刻改變行為，而是要她深入思考，透過晤談能洞察自己隱憂之後的原始認知，而後能接受新的、適合自己的認知，且逐漸領悟。雖說沒有立即效果，但晤談歷程已在她心中形成烙印，經常在影響她，越想越覺得諮商師的話有道理。

玉如有了方向，有了能力，在逐漸改變，且是變好，不是變壞，這就是她的進步與成長，這正是第一階段諮商的成果。

6 心魔情敵

說個故事給你聽……

二十六歲的玉琳與二十八歲的榮恩來到婚姻諮商中心尋求諮商，試圖挽救他們四年的婚姻。當年榮恩的未婚妻美雲因公司發生大火葬生火窟，身為鄰居的她，不忍見大哥哥悲痛，好心前往安慰，對榮恩深厚執著的愛情態度極為感佩。將注意力專注於榮恩對玉琳而言，是一種全新與絕妙的感受。儘管她才剛自大學畢業，她卻像媽媽一樣地安慰著榮恩的心，他感到溫暖及信任。

幾個月後他們開始外出，其實不能算是約會，因為榮恩經常向玉琳述說與美雲在一起的美好時光，偶爾會喝啤酒，玉琳總是擔心榮恩喝太多，忙著勸慰與攔阻。當他送她回到家門口時，他常常拉住玉琳，深深地嘆氣。有一晚，他突然說「我們下個月結婚吧！」就這樣，通知家人、準備婚禮事項、公證結婚和宴客，以及婚後忙著布置新居及安頓生活，兩人每天均精疲力竭。

「我們又忙又累，以至於我無法去憂慮我們沒有做愛，有半年時間我還是處女。我知道榮恩需要長一點的時間去忘記美雲，因他經常沮喪陷入沉思，甚至眼角有淚光，我也只好等待。」

「六個月以來我們只做愛過一次，我開始擔心了。我閱讀書籍也去聽演講，試圖接近榮恩，但他卻退縮，我只能在他進入半睡眠狀態時擁抱他，他也沒有性反應。我們甚至無法談到性，和他在一起時我變得沮喪且生氣，我好擔心他不愛我。我們會出去用餐、打保齡球及參加教會活動，有一次牧師宣道時說要愛配偶及家人，他好像有聽進去，常想要表達對我的愛，但即使在床上，也只像哥哥般的抱著我親我，卻不碰觸我。」「兩年後，我們性關係沒有進展，我感覺有性需求，我要求分居，他勉強答應。而在分居期間我與已婚男同事發生婚外情，只是很短一段時間，我心裡還是想著榮恩，想要有帶有愛情的性，因此我回去找榮恩，大膽開口主動求愛，他也因想念我而熱烈回應，於是我們有了每周一次的性生活。但這只是暫時的好轉，因為……」

問題在哪裡？

玉琳本來是不知道原因，就在一起來諮商後，在榮恩與諮商師的個別晤談中，榮恩說出放在心裡的真相，在諮商師的鼓勵之下，終於願意敞開心胸與玉琳分享。

「前年中秋節我決定去拜訪美雲的父母，在他們家客廳的牆上居然看到一張美雲與我的合照，她母親還指著相片中的我，很惋惜地說他們沒有福氣有我這個女婿，我突然感到暈眩與心痛，然後我們就相擁而泣。」

「我無法告訴老人家美雲當時已懷孕之事，真的說不出口，我以為我已經忘懷這件事，但那一剎那，一切都回來了。」

這樣做，會幸福！

玉琳與榮恩因互有好感且各有需求，而在交往沒多久後就結婚，婚後也積極培養感情，但因榮恩心中一直藏著美雲懷孕的秘密，自責、悔恨等各種負面情緒沒有釋放出來，強要忘記卻反而越積越多，因而產生許多非理性想法，如美雲是由於他倆性的罪孽才會被燒死，他本來可以救美雲的，他當初應該等到婚後才有性行為，腹中孩子就是自己貪慾才會隨著美雲而逝，因此現在他「應該」受到完全沒有性的懲罰。

玉琳與他分居後，榮恩才意識到性對玉琳是很重要的，因此當她回到家裡求愛時，他做了有意識的決定，停止對自我的懲罰，冒風險回到婚姻生活中，也有了性生活。玉琳的開朗、體貼、有愛心及值得信賴，給了榮恩活下去的理由，但他有時會覺得他不配擁有玉琳這樣美好的人。他的自卑及自責增加了他的哀傷，而他的性慾還是逐漸地降低，玉琳得而復失，當然很難忍受。

在諮商師的支持與鼓勵下，榮恩道出原委，玉琳立刻哭了起來，激動急促地說：「我怎麼能夠和已經過世的人競爭？我一直害怕他是看著我而想著我就是美雲，這連婚外情都談不上，但卻太可怕了！」

在隨後幾次晤談中，諮商師以理情行為治療法逐步破除榮恩的非理性想法，而以理性想法取代之，並以現實治療法採直接引導的方式，傳達一些重要的信念給兩位案主：「美雲的事件發生在你們結婚之前，因此與玉琳無關，玉琳不應被責怪或因此而過無性的婚姻生活，而榮恩不應對美雲的死未能及時救援而自責。是上帝將美雲帶走了，婚前性行為的事情也已過去了，婚前婚後是兩個不同的時間階段及生活內涵，榮恩不需要以沒有性行為來懲罰自己，自我的寬恕就是讓這件事隨時間而過去，也是讓自責離去。既然你倆的心是一起的，愛也愛這麼久了，現在該是兩位往前看的時候了，因此也是榮恩該放掉對性行為束縛的時候了。」

「你們曾說過你們的婚姻並不浪漫，但彼此喜歡且互相尊重，一直都是這樣，這就是往前走的動力，因此在目前婚姻的十字路口，你們要好好商量兩人要如何前進！」

面臨再度失去玉琳的危機，榮恩也在諮商歷程中看到了自己過去種種對婚姻關係的阻礙，他開始有了正面積極的回應。三個星期後，小倆口興高采烈的來到諮商室與諮商師分享，他們表示倆人已經擁有自結婚以來，也是有史以來最美好的性行為。

玉琳乘勝追擊，在隨後的一次聯合晤談中提到想生小孩，此時榮恩突然臉色慘白，雙眼呆滯，變得退縮且無法討論此一議題，把玉琳嚇到了。婚姻諮商師建議他下周來做個別諮商，他卻拒絕了，而兩人以後也未再繼續來協談了。

由此可知，榮恩的性改善是暫時的，他的哀傷歷程很明顯尚未結束，仍陷於美雲懷孕卻喪命一事，他還沒有準備好繼續接受諮商，以對此議題深入探討，因此無法強迫他來。雖然還是苦了玉琳，想生小孩無法實現，但他們之間的伴侶互動及日常婚姻生活比以往改進許多，而且也有性親密，至少當初來諮商的問題已被處理，夫妻也較能面對及接受生不生小孩的新議題了。

7 我的新男友是我前男友

說個故事給你聽……

故事一

小英在畢業九周年同學會時被問及是否有新男友，她很靦腆地說，「我的新男友就是我的舊男友。」一老同學一陣靜默。原來去年同學會時小英還一把鼻涕一把眼淚地訴說分手的痛苦經歷，大家聽了都恨不得將學長一槍斃命，現在居然敗部復活，每個人既驚訝又擔心，毫無欣喜之情。

小英畢業後兩年與學長在電腦展相遇相愛，進而租屋同居，工作方面互相支持，共同分擔家事，共享愛侶生活。但因學長老闆的鼓勵，他赴美受訓一年，並給予經濟補助，學長在依依不捨的道別中叮嚀小英過年時一定要去美國相聚，平時則以Skype視訊聯絡。

相思的日子漫長，但還是等到過年時，小英興奮地搭上飛機，準備投入情郎的懷抱，見面時卻突然覺得他是個陌生人，雖然所有親密動作是如此的熟悉。連續三天都窩在他住處，除了去超市買菜，只在晚上帶她參觀校園一次。正覺得納悶時，學長囁嚅地開口了，「我想我們以後還是做好朋友好了，我在這裡已經有女朋友了，她已經快受不了妳的出現了。」

真是如五雷轟頂，哭著聽學長敘述他的新戀情及生涯新規劃，小英瞭解到自己將不會是學長的新娘，乃執意付罰款更改班機，提前飛回台灣。在赴機場的途中，她真正感到學長是個陌生人。機上小英座位夾在兩個金髮碧眼男士中間，她一路哭回台北，兩位男士隔一陣子就問她，「Are you alright?（你還好嗎？）」

還好台北是自己的家，小英有許多的支持系統，自己也知道遠距戀情難以掌控，也就面對現實，逐漸習慣形單影隻的生活了。事隔一年半，哪曉得學長學成歸國，第一件事就是找小英復合，說最愛的還是她，只談過三次，小英就投降了，但告訴自己，這是觀察期。

故事二

無巧不成書，小英的同學玉芬也站出來說，「新男友也是前男友！」四周一陣肅靜，大家又想聽故事了。玉芬的個性溫和沉穩，與男友四年半的關係也被大家看好，不知何時男友變為前男友，然後又變成新男友。

原來男友去年換了新工作後，一切都不熟悉，隔壁桌的美玲給予很多的協助與支持，加班時也陪伴用餐，表明了對他的興趣，不知不覺地，工作夥伴成了下班情侶，三個月後，玉芬在親密互動中直覺地感到男友的敷衍必是劈腿的徵兆，乃套話並留意他接手機看簡訊的神情。男友也感受到極大的壓力，兩週後終於坦承有了新的心儀對象，要求與玉芬暫時分開一陣子。玉芬黯然離開，心裡仍抱著一絲希望，也沒告訴任何人，自己痛苦了九個月。

之後，前男友突然發簡訊對自己的公私不分表示道歉，經過分手的歷程及新戀情的發展，才知道自己選擇錯了，還是玉芬比較適合。玉芬默默地接納前男友，有苦盡甘來的感覺，卻仍不敢全心投入，列他為觀察對象。

問題在哪裡？

同學們七嘴八舌發表意見，是老同學所以口無遮攔，「這種男人不要也罷，婚前劈腿，婚後就會有外遇，太不可靠了！」

「他跟別的女人好過，妳還要他？」

「他背著妳偷情，直到最後一分鐘才告訴妳，妳被他騙了好久，為什麼要吃回頭草？」

「他說和好就和好？不給他一點顏色看看怎麼行？」

「哎喲，你們別這樣嘛，人家要和好是人家的事，她都已經原諒男友了，說這些有什麼用？」

「妳覺得兩人的關係還能像以前一樣嗎？」

同學們出於關心，當然氣憤小英及玉芬受到的委屈，也對她們的男伴抱持譴責及不信任的態度，沒有人說出祝福的話，只能靜觀其變，每個人，包括兩位當事人在內，心中都有一個疑問：「伴侶劈腿後回頭，我接納他，是對還是錯，我們的關係未來會如何？」

這樣做，會幸福！

小英與玉芬均選擇接納回頭的男友，的確比接納分手的事實還需要更多的勇氣。分手是措手不及，復合則可以深思熟慮，想必是她們對男友的愛已超越對他們的憤怒，畢竟在自己療傷的過程中，憤怒、怨恨及自憐的情緒已隨時間與認知改變而遞減，心情也逐漸平靜，能冷靜地回頭看待兩人過去的關係，看清滿足與不滿足之處，且自我的部分較突顯也更成熟，所以如果要繼續發展兩人關係，她們會比較有把握，也願意嚐試。

男友捨新歡而就舊愛，小英及玉芬有被平反及勝利的感覺，心態上會覺得「現在是你來求我！」，她們也喜歡重新被追求的感覺，何況歷經情變，兩人的心境都與從前不同，應是會珍惜曾經擁有的，掌握現在，所以會小心翼翼地維護關係。

男女交往，初期大都認定彼此為愛意對象，一頭栽入，然後才發展平穩關係，時間久了，差異性與不合適性浮現於互動中，此時可能一方覺察到而另一方渾然不知，亦有可能雙方均感覺到，卻不知如何開口溝通及協調。不合適可以經由溝通及協調、磨合成為有共識，願意改進關係，或者變得很瞭解而決定好聚好散。但是現代男女在關係中未獲得滿足時，有可能以劈腿來獲得補償，這種情況才有可能回頭，另一種情況則因找到真愛而劈腿，當然就不會回頭了。

小英及玉芬的男友也是花了一段時間與新歡相處，發現到彼此的不合適性，開始想起舊愛的許多優點以及過去的歡樂時光，乃與之分手，至於是如何分手或如何被要求分手就不得而知了。要與舊愛復合也必須要有決心及勇氣，即使有可能被拒絕，也要嘗試，爭取機會。

願意復合是共識，恢復關係則是需努力的目標，雙方都願意給自己、給對方一個機會，讓已逝的關係變成現在進行式，其實是件好事。男友在劈腿與分手的經驗中學到教訓，瞭解到感情是需要沉澱及考驗的，而兩位當事人也自療傷、原諒與寬恕的歷程中看開與成長。周遭的人不應表達自己的主觀想法，而是要以鼓勵及陪伴的心情樂觀其成，給予祝福。

對男方而言，伴侶經常翻舊帳是最不能忍受的，有如被質詢、判刑，有傷自尊，將會是新關係的殺手，然而曾經受傷的女方對男方劈腿的不解、對他再承諾的疑慮，以及對他言行的不信任，都是很真實且會阻礙關係的繼續，因此藉助良好溝通來重建信任是首要之務。可自四方面來溝通：

1.揭露劈腿事件：不是認錯或論斷誰對誰錯，而是由男方述說當初的動機及回頭的決心，男方能夠在女方面前面對過去，而不是避不談論，女方較能釋懷。但是不必討論細節，以免節外生枝。

2.安排日常生活中的共同活動：日常生活小事，如一起去買菜、陪伴去加油站加油、中午相約吃簡餐，或週末同赴晚餐、聽音樂會等，藉由活動帶出不同的情境與話題，來增加自然互動而不尷尬。

3.曾受傷的女方可以要求男方做出讓她覺得較受關照、被欣賞及感到安全的行為，如「女友若還打電話找你，你可以告訴我嗎？」、「我希望散步時能牽手，你可以放慢腳步，不要一個人走在前頭好嗎？」，而曾劈腿的男方可以要求對方讓他知道他努力恢復信任的行為是有被感受到的、是值得的，例如，「當妳對我們的關係感覺不安時，請告訴我。不要偷偷懷疑，害怕我會欺騙妳，好嗎？」、「如果我的言行有讓妳失望的地方，說出來好嗎？」。

4.以尋找「關係延續的意義」為主題，來進行多次的溝通與討論，像聊天、對話、心靈交流等，以瞭解自己，並再度認識對方，進而鞏固感情。

當女方感受到男方的真心誠意，男方也覺知女友的有條件接納，雙方都有基本的安全感，才能恢復信任，進而產生心理上的親密連結，由此才能自然地進入肉體的親密關係。

伴侶劈腿後雙方重修舊好議題之處理，亦即做決定、修補關係重建信任、恢復親密等，本質上婚前婚後其實差不多，只是發生在婚前遠比發生在婚後的機會大，雖然也有第三者的牽扯，但問題卻較婚後外遇來得簡單。

無論如何，伴侶雙方若視已發生之劈腿事件為生命中之考驗與歷練，宜化悲憤為力量，願意一起往前看，共創未來的藍天，則劈腿或外遇事件雖發生過，卻如同生命中任何曾經發生過的事件一樣，常存於過去，只留下淡淡的記憶。

8 兩個女人的戰爭

說個故事給你聽……

雖說現代夫妻大多組織小家庭，但新婚夫妻經常因存錢買房子或結婚不久就生小孩，在經濟能力不足及缺乏幫手的狀況下，先住在婆家一兩年或更長。當小家庭駐進原生家庭後，家庭人數變多，家庭中的人際關係也變得複雜了。然而，夫妻關係永遠是主軸，在大家庭中如果夫妻感情不好，然後再被身旁的次關係牽動，如婆媳關係、成人兄弟關係，或其他姻親關係，則婚姻解組的可能性較高。

由於大家庭中人多嘴雜，不論是都住在同一屋簷下，或部分住在一起，家人姻親勢必有日常互動及家庭活動參與，因此，經常會為了意見相左、爭寵或本身利益而心有芥蒂或明目爭吵，外表看來和諧的家庭，其實裡面潛藏許多人際危機，若處理不當，不僅影響家庭和諧，也會危害到婚姻關係。

通常所謂「兩個女人的戰爭」是指婆媳，而在所有家庭問題中，我發現姑嫂也容易成為兩個女人戰爭的主角。當婆媳不和時，兒子夾在母親與妻子之間，兩面為難，但在姑嫂問題中，丈夫卻經常置之度外，他以為姑嫂是平輩，問題應不大，讓她們自行解決，沒想到還是醞釀為兩個女人的戰爭。

故事一

嫂嫂剛嫁進夫家與公婆同住時，小姑已結婚隨夫住台中，偶爾回台北娘家住幾天，像客人一樣，兄嫂熱烈招待，公婆疼愛有加。三年後妹夫在台北找到新工作，小姑全家搬回台北，她幾乎每個週末攜夫帶子回娘家，星期六一大早就來，晚上她和孩子就睡在父母為她保留的原先住過的房間，丈夫則回自己家與朋友打麻將，次日傍晚回來吃晚飯後再帶全家人回去。

這下子嫂嫂可慘了，週末比平日還忙，不得休息。雖說小姑兩個年幼的小孩可與自己兩歲的小孩玩，但小孩好動，時時得盯著看。小姑不是在房裡與婆婆看電視聊天，就是跟婆婆出去逛街，頂多買一隻燒雞或烤鴨回來加菜。所有家事及三餐煮飯洗碗都是嫂嫂一肩挑，星期日晚家裡猶如蝗蟲過境之後，她還得大大整理一番，東西歸位、吸地毯、擦桌椅等，幾乎累垮了。晚上先生求歡，白眼相待，冷語拒絕，而且很快就睡著了。

起先大嫂也體諒小姑回娘家的熱盼與歡愉，笑臉相迎，但連續兩個月下來，大嫂身體疲憊，心理沉重充滿怨氣，看著丈夫與小姑有說有笑，她開始將怨氣出在丈夫身上，認為丈夫只把她當成全家人的台傭，經常繃著臭臉，冷嘲熱諷，也拒絕行房。丈夫覺得她不可理喻，也諷刺她是否更年期已到，但由於兩個人都好面子，在家人面前裝得若無其事。嫂嫂氣憤極了，忍無可忍，乃打電話去張老師諮商專線請求協助。

經過幾次電話諮商，嫂嫂才領悟到生悶氣只會使事情更糟，她必須與丈夫聯手來解決問題。首先得與丈夫懇談溝通，告訴他自己已悟到夫妻感情才是最重要的，週末時可以兩人外出約會培養感情，既然小姑在家，何不借力使力，求得皆大歡喜？夫妻倆商量後，一起笑臉與小姑磋商，歡迎小姑回娘家度週末，嫂嫂會用心煮一頓大餐，全家相聚用餐樂融融，其他餐可至附近餐館用餐或由小姑來做，早餐則因每人起床時間不同而自理。每隔一週，兄嫂於星期日外出約會，孩子就託婆婆及小姑幫忙照顧，或者一家三口回嫂嫂娘家。

大家都是出嫁女兒，當然要回娘家，但回到娘家就是自己人了，一切自己動手，娘家是家，不是渡假村。而且嫂嫂平日伺候公婆是應該的，週末小姑回來陪伴父母，侍奉父母正是好機會。由於夫妻倆溝通得法，以親情打動婆婆及小姑的心，大家都欣然同意試行此方案，既保住了家庭和諧，也拉近了夫妻感情。

故事二

有一位小姑來信抱怨她大嫂，說大嫂以前住婆家時，幫小孩洗完澡就將衣服丟給婆婆洗，也不幫忙洗碗。搬出去住後，想出去就把小孩送回家丟給婆婆，招呼也不打一聲，且很晚才來帶小孩回去，有時候大姑小姑會買東西請家人吃，而嫂嫂帶回來的東西卻誰都不許碰，且每次回來都擺臭臉，連小孩天真地與她打招呼，卻換來冷冷的「走開」！小姑顯然看大嫂極不順眼，她說生活中種種繁瑣大小事都證明了嫂嫂的自私與沒教養，就因為媽媽不想撕破臉，家中女兒們也只好容忍她無理的行為，但因小姑心中的不滿高漲，且認定大嫂是無藥可救，不可改變，哀嘆有個自己很討厭的家人卻得硬著頭皮相處，不想看到又一定會看到，乃來信詢問想要找出一個自處的方式。

這位小姑來信中對大嫂非常不滿，已完全否定此人，因為大嫂所言所行均不合她意，她比較從自己的立場來批判大嫂，未能設身處地為大嫂設想。雙薪小家庭夫妻為生活打拼，必定很忙碌勞累，有時難免心情不好，才會叫小孩「走開」，而她帶東西回家可能是要孝敬婆婆，所以不願意家中其他人享用。顯然大嫂個性耿直不善言辭，缺乏人際/姻親溝通技巧，已婚好幾年似乎未完全融入婆家，與小姑們打成一片，這是她有待改進的部份，如果她能得到溫暖的支持與接納，她並非不可改變。

人要多接觸才能由不瞭解而轉變為熟悉及瞭解。姑嫂之間似乎從未敞開心懷誠懇對談，小姑等著看大嫂表現合她心意，而大嫂也可能期望小姑對她友善或熱絡。與其痛苦地忍受不良的姑嫂關係，不如由寫信的小姑主動出擊，向大嫂表示友好及尊重，等到彼此話聊得多之後，再好言提醒她，當身心勞累時對小孩說話的口氣最好能緩和些。當說話的時機恰當，內容得宜，嫂嫂必能聽進去，且會感激小姑的提醒，不會認為是批判而反彈，此外，小姑亦可找良好時機與哥哥聊聊，以瞭解大嫂，並請他做為橋樑，促進大嫂與婆家人關係的提升。

故事三

兩個女人的戰爭也有自動化敵為友的情況，有一個比較特殊狀況的姑嫂關係，則因兩人關係變得太親密而感到不真實，嫂子心中感到不安而來函詢問。

先生是台商，長年在大陸做生意，兩三個月回來一次，妻子因有性需求，晚上在房中ＤＩＹ被小姑發現，小姑衝進房內抱住嫂子，坦承是雙性戀，她說既然兩人都有性需求，不如互相安慰，姑嫂一起享受有助和諧，小姑溫柔耐心的愛撫，居然帶給半抗拒半接納的大嫂高度的激發與愉悅，因此兩人一拍即合。原本嫂子非常看不慣小姑的自我中心與崇尚名牌、揮霍成性，很少與她有個人交集，然而最近兩個月以來，和小姑的關係經由性愛自不和轉為和諧，尤其在夜晚時刻真是水乳交融，似乎難以自拔。

嫂子也感到自己逐漸被小姑影響，兩人出雙入對，變得越來越喜歡花錢買名牌，連超短裙也敢穿，家事也懶得做了，一方面感覺越墮落越快樂，一方面又有些許的罪惡感，開始質疑這樣的姑嫂和諧究竟好不好？

這位嫂嫂與小姑原本關係不佳，卻因在性方面互相滿足而變和諧，其實是各取所需，有性的共同目標而已，並無真正的親情或友情，可以說是互相利用。妻子的感情寄託本來就是先生，而小姑因暫時沒有感情寄託但有性需求，所以與嫂子一拍即合，其實也是替代性的，等到哪一天她找到了心靈伴侶，她就會去追尋靈肉合一的感情關係了，而丈夫還是不常在身邊，到時候妻子能放得開嗎？會不會有被利用完就丟棄的感覺？

故事若改為小叔有性需求而要求與嫂子互相安慰，嫂子能接受嗎？這是近親相姦的行為，而如今嫂子與小姑的同性戀行為亦是相同的，與丈夫以外的人發生性行為就是婚外性，更何況這是家庭亂倫的行為，倘若丈夫與家人知道了，婚姻將會陷於危機，家庭關係也會起動亂，是損人不利己的悲劇導向行為。

如此的姑嫂和諧是假象，不可否認地，嫂子因想取悅小姑而經常與她出雙入

對，行為與價值觀已漸受其影響，還漸漸失去了自己的原則及立場，對性愛的追逐已令嫂子失去理智且失去自我，這又是另一個危機。嫂子在沈迷性愛之餘，罪惡感一點一點增生，她只是想盡量壓抑不去感受，因此更加靠近小姑來麻痺自己。此時的她當然要深思熟慮，以婚姻為重，主動向小姑提分手，姑嫂兩人還是以親情來和平相處，互相關心陪伴，請小姑另找伴侶。而丈夫不在，妻子的自慰行為並沒有什麼不好，自在坦然又安全，當然她也可常飛去大陸與丈夫相聚，或請他常回台省親，增加關係緊密性。

這樣做，會幸福！

綜合以上三個故事可以得知，姑嫂關係並不光是兩個女人之間的和與不和，合與不合，而是全家人的關係議題，婆媳親密固然家庭和睦，姑嫂相處融洽可以成為姐妹之情及好友之誼，兩個女人聯合起來的正向力量，將可以牽動家庭成員，促進家庭人際的良性互動。

9 清除情路障礙

說個故事給你聽……

不准入港拂袖去　男友被告性侵（黃文博／台南報導）

三十六歲吳女與黃姓男友交往一年多，兩人約會時，都只同意讓男友愛撫和口交，今年跨年晚會過後，兩人又到賓館約會，這次男友忍不住達陣，女方喊痛要他縮回外，還不斷問他要不要負責，他一氣之下開車離開，吳女猛撥手機他都不回，女方就到分局告男友性侵。

三十六歲的吳女與三十二歲的黃某，透過網路交往有一年多時間，兩人認識不久後，就經常到汽車旅館內約會，但吳女每次都堅持自己是處女，在雙方沒正式結婚前，只能愛撫、口交，所以每次吳女都問黃某會不會負責。

今年跨年晚會，吳、黃相約到台南市政府西側廣場參加跨年晚會後，黃某

又帶吳女到東區虎尾寮某家汽車旅館約會，這次黃某實在忍不住了，愛撫後，直接達陣，吳女因沒有預期，不但喊痛，而且還流血，要求黃某下馬。

黃某見氣氛已失，也沒興趣，但喊痛的吳女卻一再問他會不會負責，黃某被問煩了，加上又沒達陣成功，所以一氣之下就開車離開，吳女見男友氣沖沖離開，不斷撥打他的手機，黃某卻是鐵了心，不再接聽電話。

獨自留在賓館內的吳女，見男友不負責任，也氣沖沖地跑到台南市警一分局控告男友性侵，警方昨天傳喚黃某到案，他也感到莫名其妙，說他和女方是男女朋友，發生關係是你情我願，何況當天他也沒成功達陣，不過因為女方已提出告訴，警方還是得依法將黃某移送法辦。

問題在哪裡？

以上新聞轉載自二〇〇九年一月的中國時報，看似一般常見的性愛恩怨社會新聞，仔細閱讀，真令性教育工作者啼笑皆非。記者也真厲害，查明來龍去脈，報導生動翔實，短短四小段落卻是充滿了性謬誤，原本是情侶的感情關係，怎料會以性侵害案件收場，到底值不值得？是用情不夠深，還是兩個人本來就在玩性愛遊戲？

三十六歲的吳女與三十二歲的黃某當年不是上健康教育時沒認真聽講，就是國中老師教的性教育太死板，兩人的交往卡在一堆錯誤的性愛感情觀念裡，尤其是女生，非常堅持自己的性觀念，男生表面順從，心裡卻不以為然，還想伺機行動，兩人間只有條件交換，沒有溝通，對性各有期待，缺乏對性的共識。一旦有了衝突，被激怒時會都失去理性，憑衝動行事，以致翻臉成仇，成為永遠的拒絕往來戶。

這樣做，會幸福！

茲將此新聞內容就性愛迷思、雙方情緒如何影響行為，以及他們風險行為的啟示三方面來加以說明及分析：

一、性愛迷思

1.愛撫及口交不算性：女方因為自己是處女，堅持正式結婚前只能愛撫與口交。難道她不知道愛撫可以是性愛的前奏，而口交難道就不是性的一部分？她以為可以將界限畫分得很清楚，然而口交過程一樣觸摸性器官，有刺激興奮感亦能達到高潮，明明已有性愛的享受，卻堅稱自己是處女，而男方雖同意此觀念，卻時時刻刻想進一步深入。

2.性是有條件且要有承諾的：女方只接受愛撫及口交，才同意上汽車旅館約會，且每次都耳提面命，對話中出現「如果有插入行為，男方會不會負責」的議題。而男方為了親近她的身體，每次都勉強同意她的條件，並給予承諾，才有下一次上旅館的機會。其實愛應該是自然的、心靈相通的，而性是雙方同意且有默契的。

3.傳統的處女情結觀念：珍視自己是處女，對性行為謹慎本是好事，但女方只在乎插不插入，認為處女膜沒破裂就是處女，其實愛撫及口交經驗頗豐富的她，只是一個擁有處女膜的假處女，自欺欺人。

4.婚前有插入行為，男方得負責：女方一再要求男方，若有她所謂的性交，意即插入行為，就得負責，「負責」成了她的口頭禪，聽在男方耳裡已成了「狼來了」，因此在跨年晚會後心情特high時，忍不住了，愛撫之後直接達陣。吳女喊痛並將之推開，衝到嘴邊的問題又是「會不會負責」。兩人一向都是一問一答，卻從未明白溝通「負責」到底是什麼。若有陰道交行為就得結婚，那感情的定位又在哪裡？

5.性交等於陰道交：陰道交為傳統的性行為沒錯，古代性交以傳宗接代為首要，男歡女愛為次要，而現代性交則以雙方愉悅為上，手交、口交、陰道交及肛交皆為性交方式，為什麼只有陰道交需等到正式結婚後？案例中女方在婚前可以盡量享受愛撫及口交快感，卻唯獨不能有陰道交，是處女情結也是害怕懷孕，但既是成年人為何不避孕，卻限制自己的性慾而造成隨後引發的問題？

6.沒有衝刺不算性交：男方被女方控告性侵感到莫名其妙，他認為發生關係是你情我願，何況也沒成功達陣，何來性侵之有？他的意思是只有插入一下下，並未來回衝刺及射精，就因女方喊痛且流血而下馬收槍，怎麼能算是性交？他並不知道有插入行為就已算是性交了。

7.全有或全無的感情觀：男方達陣未成，又被女方煩死了，驅車離開，也不接手機，一心只想脫離不愉快情境，一年多的感情拋諸身後。而女方則因男方不接手機認定被拋棄，「既然你不仁，我就不義，我就告你性侵害，誰叫你要拋棄我！」也就抱著大家走著瞧，讓感情關係走向毀滅的想法。其實感情不應該是全有或全無，當事人應該學習忍耐曖昧不明的情況，讓自己的情緒冷靜下來，給自己及對方在關係中學習及成長的空間。

二、雙方情緒對後續行為的影響

女方原本帶著期待親密的心情想要享受歡愉，約會時卻一直帶著不安全感，愛撫及口交時仍然會擔心及防衛，而「我會負責」的回答則是她的定心丸，也成為她對男友的信任。只是她並未料到男友在跨年晚會後因親熱過火而失控，感受插入的痛苦，她錯愕、驚慌、恐懼，立刻判男友出局，且當場要他「負責」。

男方由性興奮及生理高度激發轉為失望、無奈、沮喪，箭在弦上，生理無法得到滿足，心情受挫又不受諒解，得不到安慰，偏偏又被追問會不會負責，厭煩之心頓時出現，當時最不想見到的人就是女友了，所以只有逃離現場才能自處，更不要說是接她的手機來電了。

女方也期待男友能當場道歉、安撫，並允諾會「負責」，卻是不見他人影也不接電話，她感到焦慮、羞愧、害怕及慌亂，被拋棄的念頭一浮現就不甘心、憤怒及報復心高漲，於是氣沖沖跑到警一分局控告男友性侵害，而男友對此指控感到莫名其妙，但警方得依法移送法辦，他將因此吃上官司且留下記錄，怎能不沮喪、害怕及生氣？

三、風險行為的啟示

1.認識未久即上汽車旅館：根據報導，該男女認識不久即經常至汽車旅館約會，表示兩人都渴望身體的接觸，雖說女方堅持維持「處女」之身至正式結婚，但旅館的環境及親熱的本質均為引誘，沒有預期的行為難以控制，再多規定也容易流於口舌之戰。連案例中女方都無法逃過一劫，何況有許多女孩意志不堅，在

男友猛烈的攻勢下，往往是嘴巴說不，身體卻是自然地配合。在感情基礎未穩固之前就有親密行為，很容易流於性的享受，而非愛的溝通及成長。

2.未尊重女生的底線：在汽車旅館要緊守底線對男生而言是艱苦的考驗，但男兒一言既出，駟馬難追，既已答應理應遵守，男方在初步達陣後被迫收兵，固然痛苦不悅，但自己不遵守諾言在先，當然應該道歉，且事情已發生得想辦法善後。當然也不是要他下跪道歉或發誓一定娶她，而是要解釋自己的衝動，並同理對方的心情，且誠實地說出情慾的渴望與難以控制。兩人若想繼續走下去，就現實面來溝通才是負責的表現。性的議題，包括性迷思及底線問題，先有溝通、後有了解及共識，才能邁往結婚之路。

3.一直問會不會負責：這種情形通常都會發生在女生身上，性愛並非結婚的保證，也不是愛情的催化劑，如果自己沒有把握這是份相知相悅相愛相惜的感情關係，也未做好心理準備要投入性愛行為，仍然有太多的擔心與顧慮，則千萬不要為了要留住或討好男友而勉強自己去發生性行為。感情好，雙方自然會考慮到婚姻，若基礎不足，口頭保證會負責也只是空談而已。

4.一方強迫性撥電話，一方故意不回應：戀愛中有的人很性急或很沒有安全感，想要跟對方通話時就一定要找到對方，但另一方有可能正在忙，或無法接聽手機，撥電話的一方總得替對方設想，給人家一點時間。案例中，女方不斷地撥男方手機要他給一個交代，在那種情況下男方不接手機是很自然的事，因為他也在情緒中。但這一來一往卻引發女方的報復心，挾怨提出告訴。其實EQ較高的成年人不應做強迫性的撥手機行為，而對方即使不想接聽，也得給予適當回應，例如，「我現在心情亂不想談，會再打電話給妳」。對方如果識相，就不應再撥電話了，案例中的男方若能有此一小動作，或許就可免去興訟之災了。

5.控告男友性侵：本文案例因男方將女方滯留於旅館房間內，自己怒氣沖沖離去且不肯接手機，女友即告性侵害，這樣的行為是否太過份了？雖說是男友未能遵守協定，長驅直入，但在旅館親熱本來就有這種風險，何況情慾是跟隨親熱的程度而高漲，女方應該也可以感覺到男方的意欲。就整件事情來說，女方也有一半的責任。性愛之事本來就是有理說不清，她既然如此擔心「處女」之身被破壞，自己就得避免提供男友犯罪的場域及情境，畢竟兩個人都是成年人且為情侶，原本可以培養化解衝突的能力，卻因ＥＱ不足，性觀念不正確，而成了原告與被告，哀哉！

案例中男女雙方經歷這些情緒衝突及不愉快的行為經驗，的確不堪回首，且多少都會影響到下一段感情關係，如果他們不能各自檢討，並找諮商師澄清及修正性愛感情戀愛觀，下一段情路仍將障礙叢生。

10 再也回不去的黑白

說個故事給你聽……

美美帶著憂戚的臉進入諮商室，訴說婚姻生活不快樂，最近常因看不慣先生管理公司的方式而加以批評並貢獻意見，惹得先生不快，她想離開家族事業，重新投入護理的行列，夫妻常起口角，先生有時被激怒而動手打她，堅持不准太太重作馮婦去醫院上班。

她可以理解先生的堅持，因為她的第一次婚姻就是在醫院任護士時與陳醫師相識相戀，陳醫師的溫文儒雅及好家世、好學歷，美美認定為可託付終身之良人，婚後兩年懷孕才辭職在家。陳醫師是好丈夫、好醫師，也是好爸爸，對生活中的每一件事都很認真、很負責，一天到晚處於忙碌狀態之中，美美必須依照丈夫的步調來生活，看起來忙碌充實，但卻少了一份情調。

本來美美也不知道身體的奧妙與性愛之美好，陳醫師從新婚之夜開始就是一成不變地脫她的衣服，五分鐘的三點式愛撫，兩三分鐘的性交過程，對美美而言，夫妻坦蕩裸裎就已經很親近了，丈夫進到她身體裡面則為愛的表示，心理的滿足及身體被觸碰的感覺就已經很親密很特別了，她聽到丈夫從只有動作沒有言語一直到哼聲喘氣，感覺到他的滿足。

結婚五年，小寶上幼稚園後美美就輕鬆多了，因為陳醫師喜歡在家裡請客，美美乃報名參加高級廚藝班，每週三晚上上課。她很喜歡大廚師傅的課程，從不缺席，上課時正好與自己開公司的文彬被分在一組，她非常驚訝這個與她同齡的男人居然對烹飪如此著迷且在行，這是她一生中所遇見第一個熱愛入庖廚的男人，不僅對他另眼相看，而文彬也很欣賞美美的溫柔細心、幽默及赤子之心。

上課期間他們醞釀著曖昧的情感，半年課程結束後，不捨之心點燃了戀情，他們約出來見面，喝咖啡聊天。有一天文彬邀請美美去他的住所吃他親手做的中餐，餐桌的擺設、美味的食物及情歌音樂背景，加上幾杯美酒下肚，兩個人從沙發纏綿到床上，整個下午都在玩親密遊戲。

從此美美的情慾世界從黑白變成彩色，從安靜轉為有聲，雖然家庭生活一如往常，她還是一樣疼小孩愛丈夫，但是性生活再也無法回到過去了，她這才發現陳醫師實在是呆頭鵝，床上的表現只是生物性機械性，比較從他自己的需求出發，完全不懂得引爆妻子的情慾並讓她享受，而且一句情話也不會說。

一年後，美美再也無法忍受偷情之苦，也痛恨自己對丈夫、小孩越來越沒耐心，加上文彬不斷的逼婚，美美鼓起勇氣向陳醫師提出離婚，錯愕之餘，陳醫師由木訥轉為激動，哭著求妻子留下，既往不究，然而美美去意已堅，陳醫師勉強答應，唯一的條件是留下孩子。

美美與文彬迫不及待地開始合法夫妻生活，他不喜歡小孩所以不生，但很會享受生活，工作之餘經常與美美去郊遊、泡溫泉、吃美食、長短途旅行等，兩人有如熱戀中的情侶，生活充實愉快，性生活活潑美滿。

然而當兩人生活中糾纏越深，每一件事都與彼此息息相關時，差異及歧見就出現了，美美在熟悉公司業務之後，財務及人事管理方面的潛能逐漸浮現，能力突顯，經常與文彬意見不合，文彬在事業方面仍脫離不了大男人本色，覺得太太管太多，會給予不悅臉色，雙方雖然床頭吵床尾和，但三、四年下來，感情關係明顯受損，當衝突增加時，文彬會動手打她耳光，雖然事後道歉，美美已經受傷了。幾次下來，已開始質疑兩人的合適性及婚姻的展望性。

問題在哪裡？

聽起來美美的婚姻觸礁是因為雙方在工作方面的不相容，她想離開婚姻卻又捨不得，且擔心二度婚姻不成功會被他人取笑，但是她真正的問題卻在第四次晤談中出現了，美美囁嚅地問：「我真的很想知道性愛與婚姻關係是否有直接關係？我一直不知道如何開口，也很害怕說出來後會被貼上淫蕩女人的標籤。」

「每個人不論男女，都有性需求，很多已有性關係的未婚或已婚伴侶都只做不談，有許多擔心或疑慮的議題就被忽略或壓下來了，妳有勇氣說出口就是想面對問題，找出答案及處理方式，非常好，這跟淫蕩是扯不上邊的。」婚姻諮商師給予肯定及保證，「性愛與婚姻當然有直接關係，性愛對於年輕伴侶而言，是生活中很重要的一部份。」

「我一直對離開陳醫師及小寶有很深的歉疚，但是那時我實在很享受文彬的甜蜜情話及激蕩性愛，他帶給我從未有過的身心愉悅，也帶著我看到人生的許多面向，更讓我覺得我是真正的女人。」

「妳是說妳的罪惡感與歉疚感一直隱藏在心中，直到妳和文彬的感情出現裂縫，這些情緒才又跑出來？」諮商師向案主求證。

「是的，我當時以為陳醫師不夠愛我，他在性愛方面毫無技巧，又從來不玩口交，而文彬居然會很溫柔很有耐心地對我口交，引導我從忐忑不安逐漸進入極樂世界，當他第一次用舌頭舔我下面時，我心激蕩，身體上下蠕動，整個人都快瘋狂，回想起來就有一股衝動及濕潤。」美美已能夠侃侃而談。

「我當時覺得文彬實在太愛我了，口交對我來說太遙遠了，好像只有在成人電影中發生的事，居然發生在我身上，而且美妙至極，文彬帶給我如此多的快樂，我也心甘情願地幫他口交，而且我們還試過各種不同的性交姿勢，真的很有情趣又很有快感。」

這樣做，會幸福！

「聽起來妳和文彬的性生活真的很甜蜜，基本上你們也是相愛的，如果沒有感情基礎，妳的感受不會如此強烈。雖說妳對陳醫師也是有感情，但他因不會在現實生活及床第之間表達，妳未能有美好的性愛感受，而妳又因文彬的介入，放棄與陳醫師的懇談及對婚姻的努力，所以第一次婚姻說解組就解組。陳醫師不知者不為罪，可能還覺得離婚離得有點莫名其妙，妳的外遇必然傷了他的心，但也死了他對妳的愛，離婚後他也再婚就表示他想埋葬過去，重新生活。」諮商師解釋。

「是啊，我也何嚐不想埋葬過去，開始新生活？只是這半年來的爭吵及肢體衝突讓我不得不回顧我的兩段婚姻，引出了兩個問題：第一，性愛不良與性愛美好都不能保障婚姻，而您說性愛在婚姻中占重要地位，不是矛盾嗎？第二，我認為文彬肯對我口交是真愛的表現，我錯了嗎？」可憐的美美被困在性愛迷思中。

「我們都知道，性愛不是愛情的保證，當然也不是婚姻的保障。然而有美好性愛的婚姻要比性愛不良的婚姻占優勢，至少雙方還有床笫的交集及性交會，兩人的溝通主力可以集中在個性不相容及工作歧見方面，也就是說，如果文彬能夠知覺動手打人會把婚姻打散而能徹底醒悟，則妳的婚姻還是有救的。」

「是嗎？我還是很擔心我做了錯誤的選擇，眼看婚姻走不下去了，有點後悔離開陳醫師及小寶，想想自己為了一個願意替自己口交的男人放棄了原有的一切，是不是很可笑？」美美如釋重負終於將心底的話倒出來了。

「口交只是做愛的方式之一，是妳自己太保守太閉塞，認定文彬以口交來表現他對妳的愛，其實那只是他習慣且喜歡的做愛方式之一，而妳在被他在性及愛方面開發之後，妳也很喜歡口交及其他方式，很能享受，雙方面配合度良好，平日相處也都融洽。但生活是多面向的，兩人在一起越久，面臨的挑戰就會越多，雖然妳的婚姻沒有性愛的缺陷，卻碰到一山不容二虎的工作衝突，妳不能藉回到過去不斷追悔來逃避處理此困難。第一次的婚姻妳沒給它機會，第二次婚姻就不要讓機會輕易溜掉。」諮商師分析並鼓勵。

「那我能對結束第一次婚姻做什麼補救嗎？我該在探視小寶時對他及陳醫師

說些什麼嗎？」

「最重要的是讓小寶真正感受到，父母親雖然不再同屋而居，但各自都是非常愛他、重視他，至於前夫，妳可以找機會誠懇地表達歉意，說妳當時傷害了他，不過現在雙方都另有家庭及生活，只能祝福他全家人幸福美滿。」諮商師指引。

「大概也只能這樣了，唉！」美美聳聳肩。

「是的，其實這幾次晤談都在處理妳的未竟事務，就是過去發生那些事情至今仍留在妳心中的負面情緒，以前都壓在心底，現在因婚姻不順而一一跳出來啃蝕妳。其實事情都已發生過了也沒法補救，追悔只會對現實更不滿且陷入胡思亂想，如今已澄清妳自己的性愛迷思，也了解雙方在婚姻各層面都得努力調適，妳必須先把過去擺脫掉，才能集中心思在當前關係中，並勇敢地往前看。」

「說真的，口交一事一直令我耿耿於懷，擔心自己是個淫蕩女人，第二次婚姻也出問題可能是淫蕩的報應，這種恐懼在文彬第一次動手打我之後就開始纏著我，謝謝您讓我瞭解我跟文彬結合是因為他比張醫師更適合我，我也在二度婚姻中找到自己且有所成長，但是文彬的動怒我也很受不了，他為什麼會變成這樣？」美美滔滔不絕。

「當妳處理完未竟事務，完全接納過去的妳後，我們才能回到現在，瞭解現在的妳及文彬，並得邀請文彬一起來，以幫助他處理憤怒情緒及打人衝動。所以妳可以回家想一想，沉澱一下這幾天我們所說有關於妳個人的議題，只有當妳消除罪惡感及歉疚感，走出過去，我們才能開始第二個療程，而妳的任務則是邀請先生一起前來晤談。」諮商師結束了第一個療程。

美美的婚姻關係的確出了問題，家庭暴力是導火線，但她自己錯誤的性愛觀念及對婚姻失去信心的自責，使她陷在困頓中承受煎熬，而性愛的想法及種種事情只能放在心裡疑慮不安，她乃藉口做婚姻諮商先來探探諮商師的態度，當她感到自己被關心、重視，且諮商環境是安全的時，她終於道出往日性愛感情對她的影響，也因為她肯前來接受諮商，她才能看清自己的性愛迷思，找出正確的婚姻觀，對自己較有信心也較確定，而她也願意一起協助有家暴行為的丈夫，兩人共同努力再給婚姻一次機會。有了新目標，她的生活不再灰黑一片。

11 有愛的性更幸福

說個故事給你聽……

玟芝對於自己同時有兩位親密男友，顯得很無奈，說敏雄對她冷淡在先，她生氣才會上網交網友，結果約出來見面後立刻成為親密戰友，每兩三星期就要幽會一次，成為她生活中的大樂趣，但也是她不能說的秘密。

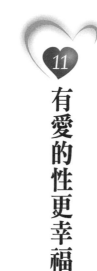

都要怪敏雄不好。大四時玟芝就想去考空姐，被他強烈反對，由於害怕失去男友乃作罷。畢業後找到的工作雖與所學相關，卻非興趣所在，好不容易待滿一年，她再度向敏雄表達要去補習考空姐，敏雄當場翻臉拒絕，出差時還打電話來強調機上工作的不穩定與不安全性，堅決反對。

玟芝雖然很愛敏雄，三年的感情雙方都是朝著婚姻的方向邁進，早已有親密關係，但還沒結婚就如此管束，且不惜翻臉說重話，玟芝突然覺得很沮喪、孤單、沒有安全感，而且也感到沒面子，不敢向家人或好友啟口。悶了兩天實在受不了，乃上網聊天，認識了南部某大學的助教張鈞。初識的好奇及對話的有趣吸引了玟芝，連續兩週的網路交往，兩人決定見面出遊。

第二次見面就到賓館「休息」，張鈞不斷的挑逗，嘴裡卻說不勉強，而玟芝因與敏雄冷戰，已快一個月未有親密行為，受不了張鈞的甜言蜜語及溫柔愛撫，她的身體逐漸配合，沒想到整個做愛過程卻是如此激盪、美妙，她簡直是欲仙欲死，跟以前有過的感覺不太一樣，更為刺激與暈眩，兩人整夜纏綿，一而再，再而三地難捨難分。

從此玟芝就像吃了符咒粉一般，期待每兩、三星期張鈞北上的約會，而敏雄自知理虧，兩次來到補習班門口接她下課，要求和好，玟芝甚為感動乃隨他回住處。如同以往，很自然地又有了親密關係，久旱逢甘霖，敏雄非常興奮，熱情有加，玟芝也真情流露，只是幾次下來都感覺有點疼痛，但還是可以完成。以前從來沒有此種現象，她有點納悶。

於是玟芝就週旋在兩個男人之間，敏雄完全不知情，張鈞明知玟芝有男友卻

毫不在乎，只要求玟芝在約定的日子裡完全屬於他即可。起初，她覺得自己幸福極了，有兩個男人愛她，只是她逐漸感覺到與敏雄做愛好像在履行義務，而與張鈞親熱則是激情洋溢，貪求無饜，她開始擔心自己是否能嫁給敏雄，人家可是認定她為終生伴侶啊！

問題在哪裡？

玟芝帶來的問題（Questions）是：「他們兩人各有好處，我和他們個別在一起均很快樂，我不知到底要選擇誰好？」、「性會影響到愛嗎？我本來愛的是敏雄，現在也不是不愛，只是好像有些動搖了，而且我發現我沒有張鈞好像不行！」

玟芝雖沒有直接提到性愛，但她話裡的意思很明顯，她的問題（problem）是她和敏雄做愛有時會疼痛，就沒有高潮，因為心虛，不答應又不行，成為負擔，而她與張鈞則是樂趣無窮，每次的歡樂更增強下一次性行為的慾望。而她真正的擔心（concern）則是害怕性會影響到愛，對自己沒把握，更擔心自己兩頭空，畢竟感情關係還是最重要的。

這樣做，會幸福！

「跟敏雄做愛，妳心理上會抗拒嗎？」性諮商師問道。

「吵架冷戰以前不會，每次都很自在歡愉。雖然不是每次都有高潮，但我很喜歡身體親密的感覺。後來有了張鈞，我真的每次都很舒服，欲罷不能，再回去跟敏雄做愛時，我都告訴自己要讓他快樂，但是乾澀疼痛的現象越來越頻繁，有時用口水可以解決，有時我勉強配合，此時心裡就開始想著張鈞了。」玟芝很坦白地揭露心事。

「以前不會乾澀疼痛現在會，可能有四個原因：第一，張鈞的愛撫時間長引起妳很高的激發，相較之下，敏雄的愛撫時間就短了，儘管以往妳都能因敏雄的愛撫而激發，但現在興奮感就不夠了；第二，妳與張鈞每隔幾週才見一次面，有如偷摘野花，與敏雄則是隨時可以親熱，家花當然沒有野花香，偷情總是激盪的；第三，若在做愛時將敏雄想成張鈞是性幻想，而妳卻在做愛時認定敏雄不是張鈞，而且很想念張鈞，妳當然就無法專注於與敏雄的性愛，就更不會興奮了；第四，性愛是雙方面的投入與享受，妳和張鈞都很想做愛，效果奇佳，而妳卻把自己當工具，想要讓敏雄快樂，雖是出於愛，但是未有熱情投入，只有責任執行，則自己當然無法有由內而外的遍體愉悅。」性諮商師分析。

「這麼說，我是比較愛張鈞囉？」玟芝迷惘地說。

「應該是說，比較『性』張鈞，而不是『愛』張鈞。」諮商師點醒她，「妳想想看，敏雄翻臉時，張鈞趁虛而入，妳們第二次見面就有性愛，不是為了性，難道是因為愛？兩人對性都很投入、很熱衷，又不常見面，就會有小別勝新婚之感，而不可否認的，張鈞可能是情場老手，會討女孩歡心，讓女孩容易陷入情慾。說實在的，妳在性愛情慾中迷失了自己。」

「真的有這麼嚴重嗎？那我到底愛不愛敏雄呢？」玟芝更困惑了。

「這就得你自己去給答案了。回顧你倆關係的建立與發展，想想他對妳的好與壞，問問自己，是認定兩人在一起就是愛，或這個男人值得跟他再走下去？」

「可是我跟他的性生活越來越糟，怎麼辦？」玟芝著急。

「有愛可以發展性，若不再有愛的感覺，性就不會美好，所以妳才要找出到底愛不愛敏雄的答案啊！」性諮商師引發玟芝思考。

「您的意思是，有愛可以改進性，由性而發展愛就比較困難？」

「妳的思考邏輯正確，由性而發展愛情關係不是不可能，但要雙方因性愛的互動而發現彼此情投意合，願意承諾進入並維持一對一的穩定關係；若光有性而沒有愛，這種關係稱為性關係，而非感情關係。」性諮商師繼續分析。

「我明白了，您是說張鈞只想和我維持性關係，所以他才不在乎我和敏雄的分或合以及親熱與否。我也在奇怪，他不能跟我在一起的時間為什麼都不跟我聯絡，只有剛在網路交往時很熱絡，後來就是定期有親密行為，但是他每次都對我很好耶，我們見面時都相處得很愉快。」玟芝似懂非懂。

「這就是他高竿之處，他對妳仍有慾望激情，他知道如何討好女性，他自己才能充分享受性愛遊戲。如果妳也抱持同樣心態，妳一樣能玩得沒煩惱。問題是

妳現在困擾極了，一方面沉浸在性愛享受中，一方面又怪敏雄無法給妳肉體至極歡愉，但又覺得敏雄在感情方面比張鈞可靠，因此妳才要回到現實面，考慮妳和張鈞關係轉變的可能性與展望性。當然也不是因為妳和張鈞不可能在一起，妳才要回到敏雄身邊，而是妳得看清妳和張鈞有的只是性及情慾，並沒有真愛的成分，唯有對這份關係感到失望絕望，妳才會乖乖回到敏雄身邊。」

「原來我跟定敏雄了？」玟芝還是似懂非懂。

「他本來就是妳男朋友，至少他對妳是真心的，但你倆感情是否能走下去還得看你倆的造化，亦即兩人如何同心有共識地去經營並發展這份關係。當然也可能，經歷此三角關係後，妳無法再滿足於原來的情侶關係，則妳離開敏雄會更快樂些。」

「我也有點害怕耶，但我願意試試回到敏雄身邊。」玟芝開始做選擇。

「所以妳的第一步行動是什麼？」

「是和張鈞斷絕性關係，是不是這樣？」

「答對了，要有決心及毅力，告訴他妳要身心都回到敏雄身邊。」性諮商師讚許及鼓勵。

「我會有點失落，不過聽您這麼分析，我越來越覺得張鈞此人不太可靠，我雖也享受性愛，但可不想被人利用。唉，有一好就沒兩好！」玟芝無可奈何。

「話可不能這麼說，並不是回到敏雄身邊就萬事ＯＫ了，感情關係要加溫，性愛互動也要改進，建議妳說服敏雄一起來做性諮商。你們有良好的感情基礎，溝通意願較高，只是雙方從未談論性愛，在諮商師引導之下，你們可以有性溝通，並回家做性作業，絕對能改變現狀的。」諮商師解釋。

同時遊走在兩位男友之間，享受不同的樂趣，有如享齊人之福，這通常只是過渡時期。過了一段時間，要在性與愛中求取平衡是不容易的，愛會被誤會蒙蔽，性會誘惑人，一旦迷失了，就有可能做出不智的選擇。情慾是人性，性愛是需求，固然重要，但做愛的對象更為重要。有愛有性則安全無顧慮，且可自在地討論性想法及身體感覺，也願意配合實作，探討性愛的奧妙及愉悅。故事中的玟芝能夠很誠實地向性諮商師說出自己的擔心及困惑，有助於諮商歷程的進展，覺察感知，釐清思緒，建立新認知並引發新行動，產生自己的人生新目標。

12 近水樓台症候群

說個故事給你聽……

故事一

A女功課好又長得漂亮，大三時因輔佐剛上任的系學會會長而逐漸產生感情。A男本是活動型的學生，不愛念書，受女朋友的鼓勵，陪她多修了幾門企業組織的課程，又因為能說善道，大四下時被教授推薦至某中型企業實習。

大四是個緊張的階段，A女陷在出國深造及在國內考研究所的兩難之中，認真讀書準備考試，又勤補英文，忙碌之餘還是每周三次固定與男友見面，但因兩人作息時間不同，A男晚上常加班，A女就較少去他住處過夜了。

A男在實習時急切想表現，希冀畢業服役完後可以正式進入這家公司任職。

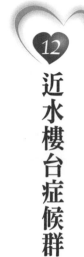

A男由於與帶領他的M姐在公事上有積極的互動，逐漸在私底下也有了密切的接觸，M姐偶爾也會去A男處過夜，左鄰右舍租屋的男同學都看在眼裡，卻沒有人說出去，直到某日A女的好友正好去還書給住在隔壁的男同學，才看到A男與M女穿著隨便地出來買宵夜。

好友去問A女最近與A男的感情如何，A女還笑著說一如往常，好友乃未作聲。一星期後畢業典禮結束時，A男帶了一束花給她，表明此後各奔前程，祝福她有個美好的人生。A女莫名其妙地被甩，不停的追問只換來冷淡的回答，「我們不適合在一起。」自好友口中獲知原來男友早已劈腿，自己卻毫無所知，那種被欺騙感更加深了她的傷心，心頭在滴血，出國念書的動力沒了，研究所也沒考上，把自己變成宅女，三個月不出門。

故事二

B女長得高大，個性也大剌剌的，大學裡男生都視她為「哥兒們」，未交過男友。畢業後去澳洲留學，宿舍對門住的是同為台灣來的B男，高大俊帥，經常

在走出門口時相遇，乃相約去超市買菜，互相串門子吃飯，乃至上圖書館念書，慢慢地自同學之誼發展為男女朋友，快樂地過了兩年。

學成歸國後兩人各忙工作，兩家都看好這對情侶，尤其男方家人都歡迎B女，她在週末時會去男方家過夜，與B男妹妹感情尤佳，而B男也經常到她的租屋處夜宿，只是兩人都希望多存點錢過兩年再結婚，畢竟才二十八歲。

起初B男說工作忙身體累，不過來她住處找她，B女當然體諒，但週末B女在B男家中時，B男已有好幾次說要去和大學同學聚會，把她丟給他家人，晚上很晚才回來，回來後喊累倒頭就睡。B女覺得兩人分享生活的時間及空間越來越少，後來居然變得一面倒，只有當她找他時他會敷衍，但他不再主動找她了！

在B女冷靜的詢問中，B男終於坦承與公司女同事交往四個多月，已到了難分難捨的地步了，請B女原諒她。雖然B男家人全力支持B女，請她忍耐，等B男夢醒回頭。B女明知該夢醒的是自己，卻同意雙方先冷靜一陣子不來往，只是自己卻開始過著以淚洗面的沮喪日子，對感情沒信心。

故事三

C女與C男大一於中部某餐廳打工時結識，雖不同學校不同科系，卻是互相支持鼓勵，穩定交往，雙方親友同學都看好這對金童玉女。C男服役後在高雄找到還不錯的工作，C女則考上台北某大學研究所。南北相隔每兩周見面一次，聚少離多，兩人感情更上一層樓。

三年後，C女畢業在屏東任公職，也理所當然地搬入C男貸款購買的小公寓中同住，享受甜蜜生活，兩人也都承諾努力存錢共計未來。

然而，好日子不到五個月，C女發現C男手機常有簡訊，他看完立即刪掉，問他是誰發的，他支支吾吾說是同事發的無聊簡訊。某次C男在洗澡，簡訊嗶聲又出現，C女忍不住打開來看，「好想你，明天早上別遲到哦」，曖昧極了，C男的解釋是已婚女同事婚姻不好找他訴苦，對他移情，要C女別擔心。

C女才恍然大悟，原來這一個多月來男友經常加班晚歸，且總是喊累而沒有親密行為，原來是有女朋友。她當然苦口勸說，別和有夫之婦來往，希望他回頭，兩人重新來過。但是當她偷偷回撥手機號碼與對方談話之後，才發現根本不是那麼回事。這位女同事根本未婚，家中富有，本來就愛慕C男，聽信他的謊言，理直氣壯認為是C女纏著C男不放。

C女痛恨男友不誠實，傷透了心，三天之後，男友下班回來發現人去樓空，並未出去找人，就此雙方成了陌路人，C女自己租了一間公寓，暫時不談感情，全心投入工作，很快獲得遷升，對自己也就更有信心了。

問題在哪裡？

以上三個故事中的三位年輕未婚女性，均很認真地在談戀愛，且是初次的深度戀愛，卻都遭到男友劈腿，而且劈腿的對象都是女同事，震驚與傷心的程度可想而知，感情創傷甚重。由於每個人的性愛感情婚姻觀均不相同，性格也互異，每人對於被劈腿的反應雖大同小異，失戀後的調適方法與程度也是各有不同，但她們有個共同點：事發後一再告訴身邊的好朋友好同學，近水樓台難擋，女同事難提防。結果一些有男友的女生都人人自危，尤其是男友工作場所是女性偏多的地方，大多數女性都產生了「近水樓台恐懼症候群」。

像是D女總喜歡現身在男友辦公室，接他下班，顯出恩愛甜蜜，同時宣誓主權，警告他的未婚女同事們不可動歪念頭，但這也要男友不介意才行，對於公私絕對分明的男友，就可能在感情關係中產生矛盾；而E女則是與男友的女同事G大姐套交情，有事沒事打電話聊天或送小禮物，搏感情並獲取情報，就近監視；F女則每天中午來電並在MSN上對話，表面上是情話綿綿，其實是瞭解男友中午休息時與同事的互動狀況，只是在同居的家裡已經沒什麼情話可說了，中午的對話其實也是有一搭沒一搭，問問男友正在做什麼，中午吃什麼，越來越流於形式，換得自己心安而已。

婚姻已經無法約束情感的越軌，親密行為更不能保證愛情的穩固，外遇或劈腿總是難以預料，近水樓台的戀情更是不易防範。然而男女既然已經投入感情，且已發展出一段美好的關係，總是要對這段感情抱持最好的希望，安穩走下去，但也得做最壞的打算，萬一感情出了什麼差錯，就當它是一場春夢，一切回到原點，重新出發。

這樣做，會幸福！

雖然近水樓台劈腿比男友在外面認識任何一個女孩而劈腿來得更傷人，原來他們趁上班之便早就偷偷在搞曖昧了，回想起來，被騙的感覺更糟。然而，這個創傷也有其正面意義，分述如下：

1. **檢視自己的愛情觀**：自己是否一廂情願地生活於所憧憬的愛情世界中，而忽略了彼此的合適程度，或者感情關係中其實是有問題，只是雙方都視而不見或不肯做努力。

2. **認識及接受男友之不成熟**：男友趁地利之便劈腿，人際界線不明確且有點公私不分。而在既有感情關係內因不滿足而向外劈腿則是逃避行為，並非君子之道。

3. **慶幸是婚前劈腿而非婚後外遇**：婚前男友劈腿，表示他想逃離感情關係，被劈腿的女友在此時是有主導權的，理智地告訴自己，判他出局。

4. **不經一事不長一智**：人都是從經驗中學習，在苦痛傷心之餘領略人性弱點，如男友的懦弱不敢面對他的不專情，也發現自己原來是有韌性、有勇氣去走自己的人生路。

雖說沒有特定的防範之道，但先鞏固自己的感情關係，還是可以降低近水樓台的劈腿行為：

1.角色固定，界限劃清：專注在彼此身上，「你是我的最愛，我是你的最愛」，沒有二心。辦公室的男（女）性只是同事角色，絕不和異性同事在辦公室以外地方有獨居的機會。

2.真心付出，享受得到：在兩人世界中誠懇、老實、尊重地去愛對方，注重生活情趣，也以感恩的心情享受對方的付出。

3.關心彼此工作，瞭解每天工作的情況：雖說約會是要談情說愛，但分享生活中的大小事，尤其佔每天三分之一時間的工作，一定有許多可以訴說與聆聽的，此時互相支持、鼓勵或安慰，乃至出主意，是少不了的。

4.適度參與彼此公司舉辦的聚會或員工旅遊：不僅可以瞭解男（女）友在人

群中的舉止行為及其人際關係，也可以融入對方這一部分的生活，順便宣誓主權。

5.永遠不停止心靈溝通：生活中不止是親密行為與出外遊玩吃美食，男女互動中各種話題不可少，尤其是對方感興趣的事物以及精神層次的主題。男友劈腿女同事就是因為他們有關於工作的共同話題，語言對上之後話題就越來越多，感到愈談得來，最怕就是「老夫老妻」關係，越來越沒話講且無溝通。

總之，世界上沒有一成不變的事，人的心理會變，需求也會隨時間及環境而有所不同，不論在感情、事業或健康方面，都得隨時有危機意識，抱最好的希望，做最壞的打算，也要有面對挫折的勇氣。人類的特質就是越戰越勇，人生才能走得更穩當快樂。

13 難解的婆媳、姑嫂情結

說個故事給你聽……

秋欣坐在諮商室的沙發上，很自責地與婚姻諮商師談話，這是她第三次的晤談，她說，「前晚我先生自東莞回來，聽說我來做諮商，非常讚許，他說我真該學學說話技巧，建立人際關係，他總是說我太自私了，我也不知道怎麼回事，我說什麼好像都不對，先生是疼我，但他常不在家，而我偏偏搞不定家中的三男一女，真的好挫折，現在先生又鼓勵我來晤談，我總得有些進展才行啊，我太不爭氣了！」

「先生對妳有期望，妳自己也希望有所改進，這就是好的開始，妳都還未真正在生活中採取行動進行改變，怎麼說洩氣話呢？心理學稱之為負向思考及自我挫敗行為，是人們解決問題的心魔。」諮商師點醒她。

原來秋欣嫁到文生家後，就與婆家同住。由於懷孕不適，辭去工作在家待產，也去上準媽媽教室，婆婆卻認為沒有必要，還不如留在家中聽她分享產後育嬰經驗來得實用且經濟。丈夫不在家，秋欣當然樂得出去透氣，就跟婆婆說，「時代不同了，優生保健師還鼓勵準爸爸一起來上課，可惜文生無法同行。」婆婆聽了當然不是很舒服，小姑還在旁邊加油添醋，「快要當母親的人還待不住家裡！」

秋欣生性樂觀，神經大條，說話耿直，明知婆婆不高興，她覺得自己沒做錯事，也不放在心上，家中氣氛表面和諧卻有暗流，她未察覺。女兒生下來後，全家歡欣，坐月子期間婆婆白天照顧嬰兒，讓媳婦睡覺，晚上則由秋欣自己帶，丈夫因太太生產，亦回家住了一個月，逗著小孩玩得很開心，秋欣雖辛苦卻感到欣慰、踏實。

好幾次看到婆婆餵食女兒，既不衛生又不營養，秋欣忍不住批評，說奶嘴掉在地上要用開水沖洗再拿給嬰兒，不能只用手擦擦而已，而超市賣的真空罐裝嬰兒食品糊營養又衛生，為什麼要為了省錢而自己磨蘋果壓香蕉呢？於是她買了一堆美製嬰兒食品回來，請婆婆使用。婆婆發火了，認為自己養育過三個孩子，還需要媳婦來教嗎？小姑指責嫂嫂太自以為是，恩將仇報。秋欣在電話上向丈夫哭訴，婆婆不尊重她是嬰兒的母親，而小姑所言過份，欺人太甚。文生先是感慨秋欣為何如此不會說話，ＩＱ、ＥＱ均不高，才會與ＩＱ、ＥＱ均不高的家人產生衝突，然後也是好言相勸，要她多順從家人，不要計較太多。

公公忙於做生意，很少管家裡的事，但總是向著妻女，也認為秋欣言行未尊重婆婆，懾於家庭壓力，她向婆婆道歉，家中氣氛恢復。有鑒於母親節將至，秋欣上街預訂母親節蛋糕，在街上碰見剛下班的大姑，兩人一起進了烘焙店，秋欣訂了一個十二吋及一個九吋的蛋糕，請店員要記得寫上她母親及她婆婆的名字，祝賀母親節快樂。回家後大姑告訴婆婆，秋欣訂大蛋糕給娘家媽媽，小蛋糕給自己婆婆。母女三人為此都給秋欣臉色看，冷冷淡淡愛理不理，她雖極力解釋，是因娘家人多，訂大一點的才夠吃，但誤會已經造成，她們認為秋欣有私心。

問題在哪裡？

這個故事呈現的問題看起來是婆媳問題，其實是姻親關係問題，導因似乎來自秋欣，她自己這麼認為，她先生的說法也增強了她的認定，因此她雖不喜歡婆家人，卻也有自責之心。

秋欣個性耿直，說話不經大腦，該說的沒說，不該說的又自以為是，這些都是事實，卻不能以此當成藉口，變成委屈的小媳婦。秋欣心地善良，也期望與婆家相處融洽，但她總是以自己的觀點來看事情，而婆家卻有三個女人的觀點，可以各自分開，也可以合為統一觀點，當思維路線不同時，秋欣一個人是很難去因應婆家三個人，再加上選邊站的公公，丈夫又遠水救不了近火，秋欣覺得委屈孤單。

然而，問題就出在秋欣尚未將自己的思考及生活方式融入婆家，未從整體來設想，不懂得討婆婆歡心，也不會與大姑小姑建立姊妹之情，才會因誤解重重而產生衝突。

這樣做，會幸福！

雖說是江山易改本性難移，但人的個性是可以修正的，像秋欣就有自我覺察，知道自己個性耿直說話太直接，想要改善，她有了改變的動機，且經過四次諮商後已有了洞察，了解不僅自己可以學習耐住性子，把要說的話先放在嘴裡十秒鐘，讓腦子的思考運行，搜尋其他可代替的語句，以達到說話的較佳效果。

她的另一個洞察就是只想到先生及女兒的小家庭，未考慮到小家庭處在大家庭中要如何生存，雖說婆婆幫忙帶小孩，婆家人原本也待她不錯，都是她不懂得如何主動出擊去建立大家庭中的次系統關係——公媳、婆媳及姑嫂關係，總是一直在等待對方先開口或邀約，被動地與之互動。

當她被自責情緒籠罩時，諮商師安慰她這是婚後住進婆家初始時必然的現象，他們一家人的生活都未改變，只要稍微去適應家中多了一個人，而秋欣則是要一下子面對丈夫以外的四個人，並與之朝夕相處。有的人很快就融入婆家適應極佳，而秋欣似乎調整得很慢，才會形成今日的局面。

又經過四次晤談討論，秋欣了解小女嬰可能是全家人的潤滑劑及膠著劑，她開始有了一些新的行為，白天抱著嬰兒餵奶時，對著她童言童語，總會加上「奶奶對妳好好，好疼妳唷，妳好幸福」之類流露對婆婆感謝之言。她早上晚起，中午才有精力照顧孩子，讓婆婆去睡午覺，醒來就邀婆婆一起去小公園走走，看人家放風箏，而婆媳之間的話題當然先從女兒身上開始，然後發展到周邊環境、人、事、物。話題多了，感覺上親近些，婆婆開始聊自己的事，秋欣認真聽並給予回饋，秋欣也會講一些小時候家裡的事，婆婆也很關切。

由於婆婆開始瞭解媳婦，當然會告訴大姑小姑，而秋欣也仔細觀察她們的喜惡，找她們喜歡的話題聊。例如大姑欣賞黃曉明，而小姑卻迷戀何潤東，愛看韓劇的秋欣就陪著她們每週日觀賞「泡沫之夏」，並切水果或買些點心請大家吃。大姑小姑發現嫂子並非自我中心或是自以為是的人，只是以前不夠熟不會講話，現在才感覺到她是家中的一分子。

母親節又到了，這回秋欣主動問婆婆喜歡吃什麼口味的蛋糕，並問大姑該買多大的蛋糕，有沒有人要吃兩份，同時還半撒嬌的問婆婆，娘家大大小小共有十個人，買多少吋的蛋糕會比較合適，聽起來是以婆婆為主，她的意見為上，因此婆婆很高興，就建議秋欣買一個十四吋的蛋糕回娘家慶祝母親節。

一年後文生調至上海門市部當副總，他回來接秋欣母女赴大陸同住，秋欣一則以喜，因為夫妻可以長期相聚，一則以憂，因為捨不得離開婆婆，婆婆淚眼婆娑，大姑小姑也一直說要多保重，有空帶姪女回台省親。此時，秋欣才真正體會到以往長輩常說，「婚姻不是兩個人的事，而是兩家人的事」，也更了解到姻親和諧的重要。她很慶幸自己走過幽谷，重見光明，也因個性特質修正，敢於改變，自信心提升，與丈夫的感情也更穩固了。

14 是終點也是起點

說個故事給你聽……

故事一

A女嫁給丈夫時他只是廣告公司的小職員，努力工作才華漸露，由導播成為製作人，十幾年的婚姻聚少離多，因他睡在公司及出差的時間頗多，但是他對家庭負責，大把鈔票往家裡堆，一回家就抱孩子逗著玩，任何重要場合都會帶著盛裝的妻子手挽著手出席。

在人人稱羨的婚姻後面，喜歡舞文弄墨的A女感到越來越失落，夫妻間的親密溝通似乎在老大誕生之後就停止了，而老二出生後，這個家都是她在支撐、運作。家裡成了丈夫的休息站及心情調適處，他在家時享受家裡的舒適及家人的環繞，但戀愛時的激情與情話再也不見了。他腦中想的盡是如何構思商業廣告，如何賺更多的錢。

A女安慰自己，果然沒看錯人，丈夫有才幹又努力向上，才有今天的成就，就讓自己做一個成功男人身後的推手吧！多少寂寞的夜晚她執筆寫作，小說中的女性即為她自己的化身，唯有進入虛構的世界，她的情感及慾望才能抒發，她才覺得自己活得像個女人。

近幾年丈夫到大陸發展，廣告製作非常熱門，忙得不可開交，一年沒回家幾次。兩個孩子上大學住校，很少回家，A女更寂寞了。卻在此時，她發現先生與台灣帶去的女秘書在大陸發展婚外情已三年，她才明白原來丈夫也會寂寞。A女去找婚姻諮商師談了幾次，自己也掙扎了許久，最後她做了一個決定。

她開始與女秘書通電子郵件，承認她是丈夫女朋友的地位，歡迎她加入三人行，請她好好照顧年近半百的丈夫，也希望能分享他倆在大陸於公於私的生活。女秘書對於A女這一招感到錯愕，於是與老闆男友商量過，欣然接受A女的請求並與之稱姊道妹，信件往來。當丈夫回台灣時，夫妻倆還是手拉手出現在公眾場合，她可以在朋友面前侃侃而談丈夫在大陸工作的情形，給人印象是中年夫妻感情彌堅，婚姻牢不可破，而私底下A女仍寄情於寫作，過著有名無實的婚姻生活。

故事二

B女與先生是在美國念書時戀愛而結婚，由於懷孕生子，B女只好放棄研究所課程，在家照顧小孩並替丈夫打所有的英文報告。那三年雖是經濟拮据，卻是她一生中最甜美最充實的時光，碩士班雖沒念成，但她的收穫更多——丈夫、孩子，還有流利的英文。

回台灣後丈夫進入大公司工作，B女則在貿易公司任職，兩人打拚經濟是為了回饋父母及償付房貸。忙碌之餘，婚姻生活規律平實，但隨著歲月流逝，孩子進入國中，生活也就越來越平淡了。B女都能預測夫妻每天的對話，談談工作，說說父母及孩子的近況，就是這樣，B女安慰自己「婚姻不就是這樣嗎？」。

夫妻最有共識的一點就是送女兒出國唸大學，他們已存了一筆基金可供女兒第一年在英國花用。就在女兒赴英國讀大學那一年，丈夫被調到越南，公司要他先去適應一年，再決定要轉移陣地或是接家眷前往居住。B女當然不願放棄工作到語言不通的胡志明市居住。她生活中每天與女兒通Skype聊天變得最重要，而與老公則一星期通一次電話。

半年後丈夫回來省親，問她要不要搬到越南一起住，因他可能會留下來管工廠三、五年，B女拜託丈夫調回台灣，兩人因無共識未能達成協議，呈僵滯狀態。後來就聽說丈夫與一女台商來往親密，B女並不意外，不吵不鬧不聞不問，心中自有盤算。她除了提醒丈夫一定要負擔女兒在英國讀大學甚至以後讀研究所的費用，還請他負擔她要去英國住一個月探望女兒的一切開銷。

到了英國，B女告訴女兒，她要離婚。因自己有工作可以負擔個人生活，但女兒的部分就得由父親供給。婚姻至此已無可留戀，B女坦承要過自己的生活。回台之後，她找婚姻諮商師談了六次，將醞釀在心中已久的想法及計畫傾倒而出，她說她只想做自己。後來她獲得老闆首肯，進入在職進修研究專班苦讀三年，終於實現宿願拿到MBA，也因此得到升遷晉升主管。現在，她覺得自己是

個自由自在、快樂的二度單身女郎。

問題在哪裡？

以上兩個故事均有許多共同點，分述如下：

1. 自由戀愛，自主進入婚姻。
2. 婚姻初期感情融洽，小家庭和諧。
3. 先生認真工作努力打拼，為人賞識，獲得升遷。
4. 婚姻生活漸趨平淡，夫妻關係由親密轉疏離。
5. 先生外調，遠距婚姻生活不實在。
6. 男人比女人更無法忍受寂寞。
7. 丈夫外遇並非婚姻不佳或預謀。
8. 丈夫以為婚姻與家庭會永遠存在。
9. 太太自婚姻困難中破繭而出，找回自我。

10. A女及B女均需支持與認同，她們去做了個人婚姻諮商。

這樣做，會幸福！

婚姻如逆水行舟不進則退，婚姻生活日復一日本來就會變得平淡，為了不要讓婚姻成為戀愛的墳墓，夫妻在有了小孩之後，工作打拼之餘，一定要有心理的連結，不是理所當然地認定彼此相屬不會生變，而是要將對方擺在第一位，付出關心，給予甜言蜜語及親密小動作。即使再忙也要每日撥出時間單獨相處，說說心裡的話，而且有身體碰觸，提升身心連結與親密感。

故事中A女與B女之先生均以事業為第一，本著先成家後立業的大志打拼不懈，忘記了婚姻需要雙方一起來經營。A女較早就感受到危機，但她順從先生的個性，且以他的成就為榮，因此寧願忍受孤寂寄情寫作。長久的聚少離多與A女的消極配合，不僅心理上疏離，身心的渴望也消失了，就丈夫而言，是激情不再，對A女而言，情慾已經經過壓抑而昇華至她的小說中了。

A女早就猜到先生必有紓解身心的管道，以為他只是逢場作戲，沒想到他會和秘書玩真的，她不是沒有經歷過受傷、憤怒、哀怨及自卑的階段，她也搞不清楚自己是否還愛著丈夫，但有一點可以確定的是，她愛著她辛辛苦苦建立的婚姻及家庭，她也愛著孩子們，她絕不願意看到婚姻解組及孩子受傷。因此無論如何，她一定要捍衛婚姻。

當整個心態調整過來之後，她與情敵結盟，以元配的身分把照顧丈夫的責任丟給情婦，並要求情婦告知先生的生活狀況，雖然一切資訊自第三者口中獲知，A女覺得對先生工作及生活有動態的瞭解，自己元配的地位也鞏固了，先生反正本來就不在身邊，哀嘆也沒用，只要金錢花費豐足，生活無虞，孩子們該繼承的產業有保障，有名無實的婚姻總比沒有婚姻沒有丈夫好。自己既是小有名氣的作家，也永遠是王太太，面子保住了，這就是她所要的。

B女也早就感覺到平淡生活單調對話有可能會產生危機，卻以婚姻生活皆如此來安慰自己，以船到橋頭自然直的心態對待之，未能即時與先生溝通，請求他放慢腳步以家庭為重。以B女先生的個性來看，也許會忠言逆耳，但至少B女有覺察到，想要努力，是對方不肯。她有這樣的覺知，以後婚姻觸礁時才不會悔恨自己當時未察覺到。

夫妻因工作關係兩地居住，理應突破時空阻隔，以電話及視訊多聯絡，分享彼此的生活，一星期通一次電話未免太疏離了，這當然歸咎於先生未外調越南之前兩人的心理親密就已不足，但雙方都認為婚姻是存在的。

是的，他們的婚姻是因為他們所鍾愛的女兒而存在的。因此，當B女發現先生與女台商開始有婚外情後，她了解到原來先生有她沒她都一樣，而女兒長大了，她念書要念好一陣子，唸完也不一定會回台灣，想想自己，有丈夫沒丈夫不也都一樣，但沒有自我，則自己什麼都沒有了。

B女去找婚姻諮商師是做個人生涯規劃，她清楚地知道，在結婚多年後她要的是什麼，何況她提出離婚後丈夫很快就答應了，她還感謝丈夫的明快回應，並祝福丈夫與情人。

很多人對婚姻諮商有錯誤的期待，以為婚姻諮商師必定是勸和不勸離，因此若有夫妻在做婚姻諮商半年後離婚了，局外人就認定諮商無效或者這位諮商師不行。其實，婚姻諮商師既不勸和也不勸離，她只是傾聽抱怨與傾訴，抓出問題癥結，分析問題對關係造成的影響，鼓勵夫妻案主溝通歧見、想法及期待，並學習表達情感，共同做一些努力來增加親密連結，改進婚姻關係。要離不離當然是由夫妻雙方來決定，然而A女及B女均為一人前往，其實是個人心理諮商，她們傾訴、釋放情緒、回顧婚姻、接納現狀、找尋自我及展望將來。A女的決定是留在婚姻裡，而B女則是走出婚姻，她們要的是支持與認同，婚姻諮商師陪伴他們走了一小段，催化其自我力量來應對困境，自我成長。

A女與B女的婚姻發展狀況其實是大同小異，但因兩人個性、價值觀、對婚姻的定義及對自我要求完全不同，所以即使是與婚姻諮商師晤談過數次，兩人處理婚姻問題的方法也就不一樣。到底是保住婚姻值得，還是以離婚收場心更寬？兩個故事其實無所謂哪一個處理方法更佳，哪一個太太更明智，婚姻生活不就如人飲水，冷暖自知，有人安於有缺陷的婚姻，她知道有失必有得，而有人寧可離婚，放棄舊有的一切，獨立去爭取自己新的一切。

15

我的愛情我做主

說個故事給你聽……

認識世明半年來，大多在網路上打字聊天或打網路電話，才見過兩次面，初次見面在台北，覺得滿自在。世明中等身材，雖然不帥，卻也斯文達禮，雙方都談了一些離婚後的狀況，世明前妻與八歲女兒在台北，每月得付贍養費直至女兒大學畢業，他表明不想結婚，只想交朋友。玉玲沒有小孩，急於找尋第二春，在眾多追求者中只有世明是她較有感覺的男士。一心追求浪漫愛情的玉玲決定順著感覺走，與世明在網路上保持聯絡。

第二次見面則是應世明邀請，飛去北京他工作的地方，住在公司替他租的宿舍。她帶給他一個天梭表，他則帶她上長城，吃北京美食，還到天津玩，兩人朝夕相處，很自然就有了親密關係，遊山玩水之際，甜蜜的感覺濃稠得化不開。六天的假期飛逝，臨行前一晚玉玲依依不捨，世明卻反悔自己當初熱烈致贈機票之言。「邀請妳來玩已經超越我的預算，女兒開支大，贍養費加上教育費用掉我薪水的三分之一，還要繳台北與父母合住的房子貸款，我沒有辦法替妳出全程機票，這樣好了，我們一人一半，但是我那一半這次沒辦法給妳，下回再還妳！」

玉玲有點吃驚，但體諒他經濟壓力大，所以才說實話，也就把心裡不舒服的感覺壓下去，纏綿一夜後飛回台北上班。世明一年回台北四次，要與父母及小孩相處，要見的朋友無數，玉玲白天得上班，兩人相見的時間並不多。然而，世明回台對玉玲來說有如天降甘霖，急需解相思之苦，但世明則認為能見就見，沒時間也沒辦法。正因如此，玉玲更盼望拿假期飛去北京相會，兩人可以獨處好幾天。

隨後的一年中，玉玲擠出假期加上請病假數天，自己買機票飛去北京三次會情郎，北京附近的名勝古蹟都玩遍了，情侶的感覺讓玉玲好開心，但是回到現實人生就不同了，世明每次都會說，「妳這趟來，我特地去將兩個前輪換新，還做前輪定位，這些錢公司是不會付的。」

「家裡多一個人吃喝，開銷真不小。」

「前妻好像食人魔，把我的積蓄捲走還不夠，現在每個月都藉口孩子要用錢向我索取額外費用。唉，女人真是不可信賴！」

玉玲覺得很委屈，出外遊玩玉玲搶著付門票買餐點，加油時也將現金交到世明手中，餘額從來不歸還。而白天世明上班時，玉玲幫他整理房間擦地抹桌，有時還洗衣煮飯，他為什麼不看在眼裡？為此她和世明理論，他就指控玉玲愛計較，玉玲更委屈了，她前後送給世明一個名牌錶，一套名牌旅行箱及一隻萬寶龍的鋼筆，都是希望心愛的人用起來帥氣順心，卻被他說成愛計較。

兩人經常為了金錢事項吵嘴，玉玲柔聲柔氣地請求世明別誤解，世明卻說，「繞在我身邊的女人可多了！」或者「既然那麼不爽，那就分手好了！」。

玉玲也是氣得想分手，但兩地分離相思情濃時，在電話那頭聽到世明的聲音就軟化了，兩人就這樣好的時候很好，吵的時候說了要分手八次，玉玲已經覺得很累了，不想再兩岸奔波，想結束戀情。卻在此時，世明想回台灣工作，已向台灣總公司申請調回，還問玉玲，往後住台北寒暑假要與女兒同住，她是否有時可幫忙照顧女兒。玉玲真是一則以喜一則以憂，更形困擾。

問題在哪裡？

「我真的煩死了，基本上世明對我不錯，但想到他對我說的那些話，只要一不高興就會衝出口，講多了我都懷疑他到底愛不愛我。」

「他是有吸引我的地方，很會玩。他帶領我認識中國及首都，吃遍小吃，但他看錢看很重，如果我不是這樣大方花錢，不知道他會不會跟我在一起？」

「他一生氣就跩起來，說要去找別的女友。他愛喝星巴克咖啡就非要我也喝，我愛喝麥當勞咖啡，他卻嗤之以鼻，這種事也要生氣，真是受不了！」

「老師，我到底應不應該離開他？」

這樣做，會幸福！

婚姻諮商師指出這份關係似乎是一面倒。玉玲一心追求穩定愛情關係，不斷地付出，企盼對方亦同樣在情感上付出，而世明在婚姻中及離婚後與前妻都處得不好，想到前妻就有氣，還類化到對其他女人的不信任，他的心態頗不成熟，有點憤世嫉俗，雖有親密關係的需求，也相當喜歡玉玲，卻以自己喜怒哀樂的情緒來決定對感情的付出，較以自己的需求為主，還不懂得去欣賞和感激對方的付出，以正向情感及體貼心思來維護這份關係，兩人雖都四十歲，世明給人有點長不大的感覺。

「所以他還是愛我的？」

「玉玲，妳老是擔心他愛不愛妳，會不會跟妳在一起，別忘了，在這份關係裡面，妳付出的多，所以妳應該感情自主，掌握自己的愛情。不是等到妳被他的負面情緒刺到不能忍受時才想要逃開，也不能因為他不愛妳，妳就黯然離開。」

「對不起，我還是不太懂！」玉玲困惑地問。

「妳太感情用事了，有時也要用理性來判斷這份關係是否能、或是是否值得繼續下去。聽起來世明就是不知如何在婚姻關係中與伴侶相處，負面情緒延續到離婚後，所以他與親密伴侶相處缺乏安全感，另一方面他在經濟方面也沒安全感，所以才會不加修飾，本能地對妳說出一些唐突的話。妳是一個不會拖累他的女人，經濟上不需他負擔，一年才見幾次面的花費其實也沒多少，兩人最重要的是要在性愛感情及金錢觀方面多做溝通。妳們有那麼多時間在網路上聊天，除了訴相思苦講情話外，觀念交流是必須的。」

「妳的意思是各自表達自己在這些方面的觀點？我們做過，最後就吵起來了，差別太大了。」玉玲無奈地說。

「那是因為你們在聆聽對方講述時心裡就已反對，只認為自己是對的，誰也不肯花心思去抓一絲絲相同的部分，由那裡開始，學習折衷或妥協。例如他在罵前妻及所有女人時，妳應先同理他，而不是生他的氣，說妳可以瞭解前妻的作為對他造成的傷害，但是妳是玉玲，兩人成對是新的組合，可以在金錢用度方面好好地談。世明聽了妳的表述及誠懇態度，他會放鬆防衛心理，減少指控行為的。」

「所以我可以跟他明說，飛機票我自己出，我們出外旅遊的部分，他手頭寬時出三分之二，我出三分之一；他手頭緊時我們一人一半，親密伴侶明算帳會不會太尷尬？」玉玲問。

「對預算低的人如世明，這是一個好建議，應鼓勵他以敘述事實的口氣告訴妳他在這方面的困難，而不是隱含對妳的抱怨。他已經擺明了目前不想結婚，但並不拒絕穩定的感情關係，而要與他維持關係，就得先通過金錢用度這一關，現階段你們各自有住處，聚少離多，若雙方都有意願待在關係中，則出遊花費平均負擔是很合理的，至於妳住在他北京的宿舍才幾天而已，他也計較太多了吧！」

「好在他快調回台北了，以後這問題就不會存在了。」玉玲天真地說。

「這還是金錢觀的問題。妳看看妳，就是這麼矛盾，一方面說受不了想離開他，一方面又怕他不愛妳，現在又高興他要調回台北！所以叫妳離開他，妳是一定捨不得的，因此針對幾個人生重要觀點的溝通，以及協調之後的互動行為，才能讓你們發展較輕鬆自在的關係。」

「其實我的要求很簡單，過馬路希望他牽我的手，心情不好時要他抱抱我，但他生我氣時我越說他越不肯做，我也就越抓狂，怎麼辦呢？」

「這就要用女子兵法了，他比妳愛生氣，他生氣時妳不要動氣，反而過去抱抱他，也許他會抗拒，也許他會接受，至少他感覺到妳的心沒有背道而馳，他的氣會較快過去。等他心平氣和時才告訴他妳好希望他抱妳親妳，這時他才聽得進去，也才會身體力行。另外，不妨溫柔地告訴他，相見恨晚，相聚的時間也不多，當然要珍惜相處的每一刻，正向思考，好好享受，關係就會變得順暢與緊密。」諮商師繼續說：「其實你們說分手都是氣話，想要繼續的心意比想分手多，但是雙方思想的確有差異，如何磨合差異達成共識，是妳可以嘗試的部分。」

「老師，謝謝您，您開啟了我一些想法，跟您談過之後我比較清楚了，有些事情可以由我做起，來改變我們的關係。」玉玲若有所悟。

「是的，這就是認知上的改變，帶出正面情緒及新的行為，祝妳嘗試成功！」

玉玲瞭解情緒控制的重要性，以更體貼的心情來接納世明的不成熟，與其眼巴巴等待他改變，或者整天徘徊在去留之間，不如自己主動出擊，積極與世明在網路上、電話中做建設性的溝通，然後見面時總是和顏悅色地稱讚世明工作努力有志氣，現在小有經濟壓力當然要量入為出，不需要太緊張，以後獲遷升，收入會增加。世明感受到玉玲的貼心及關心，逐漸對她有安全感。相聚時刻，過馬路時玉玲身子轉向他，他就知道該伸出手去牽她，走在路上也會摟幾下，玉玲覺得他有改進，還蠻開心的。

幾次晤談下來，玉玲開始懂得「操之在我」的意義，不論這段感情是否會開花結果，她只想看看自己的努力是否有收穫，既然自己捨不得走，世明又有改進，她願意給自己及對方一個機會來試試磨合差異，發展合諧關係。

16 梅開二度未聞撲鼻香

說個故事給你聽……

成美大學畢業後當國中老師才兩年，就經不起文雄的追求步上紅毯。當初兩人年輕愛玩，言明不生小孩，好好享受生活。只是到了第三年，成美的想法改變，很想要小孩，文雄害怕被小孩綁住，爭辯滋長。她不甘示弱，總是講一大堆道理，而他呈現逃避態度，又有了婚外情，還趁妻子回中部探親時將女友帶回家過夜。

成美傷心之餘，辭去工作回娘家住，文雄乃趁機提離婚，三年婚姻就這樣玩完了。她想要重新規劃自己的生活，每天下午在麥當勞叫一杯咖啡坐在椅子上思考。有一天，一位長相是華人只會簡單中文的男士因人潮擁擠找不到位子坐，禮貌地詢問她可否與她同用一張桌子，就這樣他們認識了。

原來彼得是土生土長的ＡＢＣ（華裔美人），最近被公司自美派來台灣參與旅館建設，人生地不熟，經常於工作之餘自己四處亂闖。成美的英文雖不是很好，但中英文胡亂拼湊還是可以聊天，兩人談得很開心。此後成美就經常帶他至近郊名勝或市內商圈遊玩，也教他中文。

兩個月後他們結婚了。彼得大成美十歲，離婚有二子，都在前妻處，但他不反對再生小孩。在台灣過了三個月神仙伴侶生活，成美就隨著彼得調回美國在南加州定居了。在美國生活的確不容易，人工貴、物價高，稅也多，只好凡事自己來，餐餐自己煮，還得學習許多事，加上成美想要發展自己的生涯，所以去上成人學校練英文，然後要求彼得讓她去讀秘書學校以學習一技之長。

夫妻一起生活，樣樣要花錢。成美才發現要彼得拿出錢就像割他的肉一般，每月雖給固定家用，卻是每一筆開銷，甚至買一塊肥皂，都得以收據報帳並作帳，吃東西絕不能浪費，必須煮得分量正好，當然他們也不是完全不去外面吃飯，周末還是會去彼得喜歡的餐館打牙祭。好在彼得也喜歡吃成美煮的中國菜，去中國商店買食物他是願意花錢的，而支付秘書學校學費也是成美好言勸說，強調是對未來的投資，她以後有收入就會歸還，他才肯掏錢。

很多事情成美都以為是新婚適應及異國生活調適，她都承受下來，並要求自己盡量配合已早日適應。就這樣過了三年，當她拿到自己第一份工作的薪水之後，彼得就不再給家用了，但要看收據及查帳的習慣仍在。而最令成美不能忍受的是，彼得不僅在金錢方面缺乏安全感，對她也不信任，擔心她在外有男人。因為車子彼得上班用，成美搭公車上下班，有時同事順道送她回家，彼得就擺臉色，她越辯他就越發火，吵架就引發了，一旦常吵架，很難恢復相敬如賓。

就在此時成美懷孕了，她終於如願以償，但彼得卻板著臉問，「那是誰的孩子？」，這個導火線引爆成美三年來鬱積的情緒，她豁出去了，她覺得不能再忍受這個男人，她想要逃離他的控制。大吵一架之後，成美變了，每天與彼得相敬如冰，很少互動，但她心中另有盤算，因此來到婚姻諮商師面前。

問題在哪裡？

成美帶著許多疑問來尋求諮商。

「我為什麼這麼命苦，兩次婚姻都遇人不淑？」

「我做錯了什麼，為什麼這兩個男人都要傷害我？」

「為什麼每到三年我的婚姻就走不下去？」

「第二次結婚又離婚，是不是很丟人？可是要我為孩子而勉強維持婚姻，我會很痛苦，我不想再待在這段婚姻中了！」

「為什麼戀愛時、蜜月時看不出彼得是個會折磨人的惡魔？」

「我是不是不適合結婚？」

「兩次離婚的人能有第三次婚姻嗎？人家會怎麼看我？尤其我又帶著孩子，有人會要我嗎？」

在兩次晤談之後，婚姻諮商師與成美達成共識，她真正的問題是：

1. 我還能與彼得共同生活嗎？我還要這個婚姻嗎？
2. 我該如何重整婚姻或面對離婚？

而這兩個問題的基礎則在於成美的自我部分：

1. 我該如何看待自己？

2. 我的價值在哪裡？

3. 我要什麼樣的人生？

4. 我要什麼樣的婚姻生活？

5. 我能自己營造單親家庭嗎？

成美終於明瞭她得先整頓自己，才有能力與信心去處理婚姻。於是她開始了長時間的晤談。

這樣做，會幸福！

諮商師分析事情的來龍去脈。第一次婚姻兩人都太年輕，不知如何針對個性上的差異去磨合，成美對於生小孩一事又急又吵，且據理力爭，惹火了文雄，關閉了情慾，又因生理需求而向外尋求慰藉，此乃糊塗行事，將女友帶回家則是犯大忌，造成夫妻間不可彌補的裂痕。而成美出走回娘家正好讓防衛心重的丈夫更有藉口發展婚外情，並要求離婚。丈夫一錯再錯，成美的一氣再氣終於以離婚收場。這不是單獨某一方的錯，而是雙方讓關係演變至走不下去，也沒有去挽救。婚姻本來也是一種學習，遺憾在兩人沒有把握機會去學習。

成美與彼得很快地進入婚姻，是因彼此的背景、差異，互相吸引且均有陪伴需求，但認識不深，了解不多，等到蜜月過完生活穩定之後，雙方個性的差異就原形畢露了。彼得以為台灣女子溫順聽話的刻板印象幻滅了，而彼得因成長背景之故，再加上前妻因婚外情而將積蓄席捲跑掉，造成他對金錢及感情方面的不安全感，使得夫妻衝突迭起。吵架吵多了，感情轉淡，親密感不再，但因已習慣共同生活，兩人都在忍受著過日子，直到彼得說出懷疑孩子血源的重話。

在諮商歷程中，成美學會不再責怪前夫及丈夫，也不再悲情哀憐自己。感情關係是雙方互動的結果，而任何結果都是事出有因，雙方都應該擔負起責任。第一次婚姻中雙方都很單純幼稚，不懂得如何化解衝突，挽回婚姻，而第二次婚姻一開始就錯誤，認識不深。其實彼得並不適合自己，自己也無法符合彼得的期望，他每天疑神疑鬼而她則勉強忍受，其實兩人並不快樂。近一年未有性生活，偶爾一次為之，居然懷孕，還被懷疑是不是親骨肉，以後孩子若在此家庭成長，母子會遭遇何種對待？他的成長會平安快樂嗎？這是成美所擔心的。

肚中有了小生命，成美以嚴肅的態度思考她的婚姻動向及生活規劃。她是很想照自己的方式生活，給小孩一個良好的成長環境，決定離婚的期盼高過挽救婚姻的念頭，但她還是接受諮商師的話，回去邀請丈夫一起來做婚姻諮商，把話說開來，以測出兩人攜手往前走的可能性。只是彼得認為自己並沒有做錯事，堅持不肯，還對婚姻諮商及心理諮商嗤之以鼻，說是誆人騙錢的把戲。

當成美認清了現實後，知道彼得不會改變，而自己已不能再屈從於他，該是追尋自我的時候了。她也了解到結婚和離婚次數不是重點，要緊的是記取教訓，學習成長，讓自己過得更好。第一次離婚是在氣憤傷心之下順著前夫的意思發生的；第二次結婚則是以為可以擺脫離婚的傷痛，沒想到糊里糊塗又掉入另一個婚姻的陷阱，因為彼此的差異實在太大了，而且雙方都有人格特質的缺陷，非常無法相容。尤其是彼得，他的心理創傷一直未處理，無論跟哪一個女人結婚，可能都會產生問題。

她的自我糟糕感、罪惡感及怨恨都消除了，也不再怨怪彼得了，反而對他懷有同情心，甚至還有恩情。如果不是嫁給他，她也不會有今天的領悟與新生，她可以重新肯定自己，她在婚姻結束前與彼得平等地互動，雙方朝著好聚好散的方向前進。

經過婚姻諮商師的鼓勵與引導，成美承認並接納自己有親密關係的需求，但在自己未準備好之前，是不能胡亂抓住一根浮木的，亦即要先整理自己、學著愛自己，才有能力去接納別人的愛，才能去愛別人。

目前她與彼得之間已無愛情，只是習慣性的互動及疑心，然後是抗辯爭吵之後的冷漠，她已下定決心要離開這個雙方都已放棄的婚姻，反正彼得也不關心腹中的胎兒。為了愛自己及愛孩子，因為孩子也是自己的一部分，成美心中的勇氣及毅力逐漸滋長，更堅定了她建立單親家庭的信心與目標。

為了給孩子一個良好的成長環境，讓孩子可以定期見到父親，成美決定繼續留在美國，父母親也可以自台灣飛來探親及幫忙帶小孩，如此孩子自小可以學中文。經過深遠及周全的考慮後，她不再懼怕面對未來，也不再感覺孤單，想想只不過是離開一段不適合的關係、一個不適合自己的男人。

婚姻諮商不一定勸和不勸離，端視婚姻不成功或變壞的因素，及雙方真正理性的意願而作為。故事中成美忍受已久，彼得有自己的心理問題待處理，雙方關係走下坡，任其惡化而無自覺。直到丈夫因成美懷孕的一句侮辱言語敲醒她的自我，她開始認真檢視自己的婚姻與人生，也發現彼得的愛或不愛、好或不好，對她已不重要了。

沒有人想要離第二次婚，面對時必然帶著焦慮、害怕、自卑、悔恨及焦慮的心情。然而，幾次婚姻並不代表幾次成功或失敗，但求經一事長一智，讓自己的思考進入更深層，使自己能過得更好，則單身或已婚，初婚或再婚都不是主要的擔心。

17 宅女向前衝

說個故事給你聽……

曾經接受某雜誌採訪，探討女律師的婚姻路，其中有不少大學系所時戀愛畢業後成為夫妻檔的執業律師，亦有女律師嫁給專業人士，如醫生、會計師、法官等，然而中年未婚的女律師亦大有人在。談到後來，話題居然轉移至負責採訪的女編輯身上，她個子嬌小清秀可人，原以為才三十出頭，居然已四十有二，她感嘆對象難找，婚姻路遙遠，至今仍過單身生活。

我的好桃好李中，已屆或超過適婚年齡的男女性不少，女生就很明顯比男生感受到更多的社會壓力。心理系畢業的男女不見得就比其他人容易找到對象，有些女性上網交友或加入婚友交誼中心，與對象見面幾次，不是感到被人挑選，就是感覺不對不來電，心裡不舒服，到後來也就意興闌珊了，不再操心交友一事，自己一個人過也是很自在的。

問題在哪裡？

現代女性普遍受高等教育，大多覓得良好工作，可以自給自足，由於學業及工作關係，人際關係網及社交圈自然而然地擴展，照理說應該是比以前更容易交到自己喜歡的對象、走入婚姻，然而現在中高齡單身女性越來越多，在公民營大企業如台電、銀行、醫院中，超過適婚年齡而未婚的女性比例趨高。這是因為她們選擇單身而不婚？或者是因為想結婚但無合適對象而被迫單身？

「男大當婚女大當嫁」是傳統社會觀念，父母那一代如是說，連年輕一代的男女進入婚姻組織家庭後，也同樣陷入此迷思，往往會給單身女性同儕帶來壓迫感。她當然不願意承認自己找不到合意對象，通常都以工作忙或還不想結婚為藉口，也不敢明目張膽地宣布自己要選擇單身生活，以免招致「不肯負責」、「太前衛」、「妳會孤老到死」的輿論指責，所以乾脆三緘其口，懶得溝通，寧可在工作上力求表現，轉移他人的注意力，也就造成社會上對單身女強人的誤解。

當然也有一些女性，來自傳統保守家庭，老實順從且內向矜持，對自己的外表及內涵均無信心，人際技巧不佳，在感情方面極為被動，大學時不敢交男友，就業後又不知如何與同事相處，她交友談戀愛的機會就減弱了，也就對自己更感到自卑，寧可縮在自己的小生活圈及生活模式中，亦即上班、回家及與親友互動，成為不折不扣的宅女。

這樣做，會幸福！

每個人都會對愛情有憧憬，也有親密關係的需求，而真正的親密關係包括愛情三要素：親密、激情及承諾。絕大部分的人，尤其是女性，都想要有一份維持長久且穩定的親密關係，所以才想結婚。但結婚必須要先有合適的對象，有人一直在尋尋覓覓，也有人痴痴在等白馬王子出現，更有人甚至已逐漸放棄希望。其實現代台灣女性的素質都相當好，不論專業或非專業人士，都善良聰慧、各有專長，但也有自己的原則與標準，因此超過適婚年齡的輕中熟女在各行各業中均可見到，她們大都卡在一些因素上，茲綜合所觀察到的現象分述如下：

1.人格特質：有些宅女個性內向、缺乏自信，凡事被動、過份傳統、生活圈狹窄、很少現身於有異性存在的群體中，因此缺乏機會練習兩性人際關係。例如：公司中總有一兩位女性，盡忠職守、順應同事，算是好相處，但個性卻不吸引人，就是有男性追求，她也忸怩不表態，雙方尷尬，她就更無自信心了。

2.職業太專業：女律師、女醫師、女教授因近水樓台、志趣相同，大多與同行結婚，但也有些專業女性不喜歡與同行結婚，又不輕易接納一般追求者，因此長期小姑獨處。且有些專業男性因自己條件好，認為可以選擇的對象多，不一定要專業女性，而一般男性又覺得專業女性太厲害，高攀不起。

3.高學歷：女性本身高學歷，她總覺得要找高學歷伴侶才匹配，但高學歷男性本著婚姻斜坡理論中，男性學歷要比女性高的觀念，他寧可要學歷較他稍低的女性，當然就更容易找他要的對象了。

4.人生目標先後順序：女孩讀大學時父母叮囑不准交男友，要好好唸書，考研究所乃成為近程目標，畢業後又積極找尋好工作，等到想交男友時，身邊的人都結婚了，起步較晚難免有些惶恐，感受到「拉警報」的壓力。另外，有些女性認真工作熱衷事業，成就的需求高於親密的需求，當她在事業上高高在上時，自己東挑西揀，身旁的男性亦不敢高攀。

5.失戀的影響：有些女性曾經歷過刻骨銘心的愛情，或長期穩定已談論婚嫁的關係，卻因某些原因而分手，造成極度創痛難以走出陰影，或者不再信任男人及愛情，即為一朝被蛇咬，十年怕草繩。

6.想婚又恐婚：有些女孩為月經所苦，害怕懷孕，或者成長於父母不合或單親家庭，雖有親密關係的需求及結婚的壓力，卻對婚姻缺乏正向期望，甚至有拒婚傾向，因此對親密關係患得患失，越想要有好婚姻越難以進入婚姻。

7.個人生活方式：有些女孩因個性因素，在讀書時發展出獨特的生活方式，就業後也依自己的生活方式形成固定生活模式，越來越以自我為主，比較難與他人共同生活，尤其難以融入男性中心的家庭生活方式，因此她寧可自己過日子還覺得輕鬆。

8. 環境限制：有些工作場域女性居多，或者公司大多為已婚男女性同事及年輕男同事，失去近水樓台的機會，或者工作太忙、工作時間長，沒有空閒時間及心情去結交異性朋友。

9. 女同性戀：越來越多的女同性戀者在爭取她們的權利，過想要過的感情生活，不論出櫃或未出櫃，平日與男性的相處均不錯，大家看在眼裡總覺得她應該早有對象可以結婚而為何未婚，其實她未嘗不想與自己心愛的女朋友結婚呢？

10. 父母因素：家中有父或母長期臥病，女兒事親至孝擔起照顧的責任，全心投入，有時會覺得結交男友有罪惡感，或因擔心父母病情而無心進行社交，亦有因父或母有嚴重精神病，女兒心存自卑，也害怕結婚後丈夫無法同心照顧父母，以致青春蹉跎，雲英未嫁。

「感覺」也是一項重要因素，其實就是好感，互相有了好感才能逐漸接近而熟悉，雙方互相欣賞、接納、尊重，就會有進展。以交朋友為出發點，以文會友，以音樂會友，甚至以公事會友，有共同興趣則能建立感情基礎。所謂「合適」並無特別定義，雙方還得在交往過程中加深瞭解、多方磨合，而交往不在時間長短，而在關係的深度，單身越久的女性一開始可能不習慣、不放心、小心翼翼地觀察一陣子，一旦放入感情則投入很深，會想要進入婚姻。

年紀越大當然選擇越少，但不表示沒希望。何況現在晚婚的人越來越多，二度單身的也不少，也越能被社會接納。單身生活其實也可以很豐富很快樂，端視個人如何看待自己的單身狀態。單身自由自在，可以交往不同深度的同性、異性朋友，不論是主動選擇或是暫時在單身生活方式中，她永遠都有權去選擇結婚的生活方式，不管幾歲結婚，只要碰對人都不會太遲。其心理建設可分三個層面來談：

1. 認知改變：期待婚姻的熟女、輕熟女，絕不能視自己為被摒棄於門外的族群，而是要認為自己可以選擇進入婚姻之門，她可以堅持理想，等待合適對象，亦可以因人生經驗豐富，人生哲學改變而選擇獨身而終，只要自己懂得生活，並無不妥。

2. 態度隨緣：合適對象本來就可遇不可求，愛情也不是心想事成，放寬心情，聽其自然，避免不確切的期望以免失落太大，對自我更沒信心。兩個人過生活要合得來，才能自在而豐富，但一個人過日子也一樣能自在而豐富。

3.行為積極：

留意機會：雖說是有緣自會相遇，但機會也是緣分，因此創造機會、抓住機會及利用機會，亦是重要的「機會」，眼明手快口利地去營造兩性人際關係。

實際行動：不排斥去認識異性，不嫌東嫌西，而是以正向心情來交朋友，談得來的朋友才有可能逐漸產生情愫而陷入愛河中。

個人不會因單身而減損自身價值，也不會因結婚而增加自我價值，現代人的感情婚姻觀，應是既可擁抱婚姻，亦可享受單身，只要不虛度光陰，兩種生活方式都一樣好。

18 虛擬情愛一場空

說個故事給你聽……

打開報紙，社會新聞大都是自殺、他殺、搶劫、性侵或詐騙等，壞事遠多過好事，這個社會真的生病了，就是有那麼多絕望者、心懷哀傷或怨恨者、好吃懶做者、鋌而走險者及智慧心機邪惡者來擾亂人們一心盼望的安定生活，破壞自由民主的和諧社會。由於職業病作祟，對於男性對女性騙財騙色的新聞特別敏感，總會再次閱讀，試圖去揣摩女性被害者在整個事件中的心路歷程及感覺，也擔心她的心理創傷如何療癒、往後的感情態度及生涯規劃。

騙子本人現身，以其三寸不爛之舌與演戲天分親近女性，博取感情及信任，許多想談戀愛要結婚，也享受被呵護被關懷的女孩就被騙得團團轉，自願委身還拱手送錢財，因為她們都沉浸在自己的愛情夢中，到頭來才發現是一個騙局，一個不堪回首的噩夢。而最不可思議的就是根本沒見過面，以文字與聲音來談戀愛的網路騙局，大學畢業的女會計、女護士、有碩士學位的女老師、女編輯，被誘入溫柔陷阱者為數不少。

依常理判斷，女性通常是與男性愛侶有了性關係之後，心理上的距離自然拉近，呈現老公老婆的心態，男方乃開始使出要錢花用的手段，因有感情及性愛加持，女性在兩人合而為一的「關係保護傘」下，將自己多年省吃儉用的積蓄領出，給心愛的男伴「創業」或「正當花用」。然而網路上的騙局，卻是女性連對方都沒見過，當然未有過肉體關係，光是愛情文句及話語的累積，就讓女性匯錢給對方，「愛情」的力量還真偉大。日前報上有一則新聞，報導某國中女老師網路戀情成空被騙十二萬元，茲摘錄如下且加以分析：

去年十一月底，女老師在網路上認識這名「法蘭克史密斯」，雙方開始用ＭＳＮ聊天，對方還秀照片給她看，外型是一個事業有成，穩重斯文的男子。

史密斯似對女老師一見鍾情，開始打越洋電話給她，兩人相談甚歡，男方趁機告白，還說自己從事貿易工作，經常會到亞洲。去年十二月，男方說要到馬來西亞談合約，結束後就會飛往台灣。

對方的熱情讓女老師相當感動，期待男友儘快來台見面，不料上月二十日，她突然接到自稱是史密斯同事的「歐文」來電。歐文著急地說，她的男友因沒向英國銀行報備，有一些證件沒有過關，現在被扣在吉隆坡機場，需要台幣三萬元才能獲釋。

女老師沒有細查，就透過西聯匯款，在當日下午三時匯錢，第二天史密斯本人來電表示感謝，讓他相信自己沒愛錯人，但男方話鋒一轉，又說自己在談生意，缺少一筆約九萬四千元的訂金。

史密斯說如果錢沒有到位，到手的合約可能就飛了，到時很難對公司交代，已經昏頭的被害人馬上又如數匯款，還火速通知男友已經匯入，不料這也是兩人最後一次通話。

男方後來音訊全無，電話變成空號，到交友網站也找不到人，女老師才驚覺遭到詐騙，只好黯然前往警局報案。

問題在哪裡？

網路交友是現代人交朋友的一個管道，通常應是以友誼為起點，總要知道一些基本資料，藉打字聊天或網路視訊來認識彼此，為友誼暖身，然後再約出來見面聊天，藉吃飯郊遊等活動來親眼目睹對方言行，親身體驗互動感受，才能決定是到此為止、君子之交，或者可以繼續見面發展情誼。

女老師的案例有許多疑點，其實就是她的盲點，分述如下：

1.男方自稱法蘭克史密斯，且秀出斯文穩重的照片，既然是外國人想必以英文交談。女老師的英文程度有好到只以文字及電話交談而不需要肢體語言的輔助？通常與外國人交談，我們都得比手畫腳以求達意。因此疑點即在於此君到底是否真為老外？還是某一個會英文的老中以外國人的照片來欺騙女老師？這也可能是騙子的心機，因為女性對異國戀情可能有憧憬，而且人在外國就不會被要求見面，可以放長線釣大魚。

2.史密斯似對女老師「一見鍾情」，且開始打越洋電話給她，現在網路電話發達，隨便打個電話都可以說是越洋電話。就算此君真的是外國人，有這麼跨洲越國談生意的商人會在網路上對某女性「一見鍾情」，還要藉談生意之便「特地」飛往台灣見面？這個洋騙子也真厲害，有情有錢又有閒。

3.史密斯「同事」歐文突然來電要求女老師匯款三萬元，因史密斯證件有問題而被扣在機場。用邏輯思考，一個做國際生意的事業有成者人脈必豐、方法必多，何需向未見過面的女友求助？「熱戀」中的女老師一心期待早日見到男友，三萬元又不是大數目，不疑有他乃立刻匯出。她有沒有想過，如果不匯錢，史密斯是否就不來了？史密斯的出現取決於她的「援助」嗎？而為什麼在此節骨眼會發生此事？這就是當局者迷，旁觀者清。

4.隔日史密斯來電感謝是人之常情，確認了花錢有解難，女老師安心又開心，只顧享受聆聽男友的聲音，沒有發現他打電話又是一項「求助」，重點在於需要九萬四千元來向公司交代以保住飯碗。這種話前後矛盾，出遠門談生意應是一切準備就緒，何況若是公司派他出來，公司才該負責匯款。他就是利用女老師急切盼望會面及心疼他談生意有困難的心理，由小而大的詐財，女老師還是上鉤了。

這個騙子的胃口比較小，騙到十二萬就開溜，並不是他有慈悲心，而是他深知女性心理，知道自己詐騙的手法絕對會到手，他可以向不同的女性行騙，也可以同時與幾位女性在網路上談戀愛，他騙到手的錢積少成多，而且還能順便享受談情說愛的樂趣呢！可謂精心策畫，深入女性心理，攻無不克，無錢不騙。

女老師後來找不到「男友」，電話變成空號，到交友網站也找不到人，震驚傷心之餘報了警。然而，警察若能抓到這個騙子又能怎樣？他可以說是兩廂情願，而且會有多少人出面指認他詐財欺騙？就算判刑也是輕刑，如果不知悔改，出獄後還是可以照做無本生意。當然，報警還是必須的，騙子的罪行需要被揭發，讓許多女性（男性也一樣）知道，愛情不是天上掉下來的，且網路上騙子多，網路感情險路多，不宜輕易嘗試。

女老師雖未被騙失身，但錢財損失及心理失落感必然帶來悔恨、羞慚、傷心、自卑及自責，也不好向人開口。她之所以會在網路上談戀愛，想必原來個性就比較宅，對愛情有不切實際的幻想，對異國戀情充滿好奇心，經此事件後可能被嚇住了，再也不敢談戀愛，而心中那片陰影卻長繞著，有可能變得沒自信及憂鬱。因此她身邊的人，如父母、姊妹及好友，應鼓勵她去做心理諮商，傾吐鬱積、正向看待此不愉快的經驗，自經驗中學到教訓，以建立正確的性愛感情婚姻觀，提升自信，及規劃未來感情生涯。

這樣做，會幸福！

以下幾點網路交友原則可以與天下未婚女性分享：

1. 網路只是認識朋友的管道，要談戀愛一定要約出來見面，印證他的言行。
2. 網路上不可能「一見鍾情」，即使有視訊或照片亦不可靠。網路上的「好感」有可能是來自被堆砌出來的文字及照片。
3. 在網路上相隔兩地聊天，不論是本國人或外國人，只能算是「網友」。即使是異國戀情，也要兩人見過面有良好互動，建立了感情基礎，才能以網路來通魚雁訴相思。
4. 當一方有金錢要求，感情關係即會變得不單純，因此最好不要有金錢涉入。

5.網路世界是虛擬的，性別可以矇騙，照片可以用別人的，即使有手機通話也是預付卡，只有約出來多見幾次面才能揪出網路之狼，保護自己，或找到真心人，發展感情。

19
婚後憂鬱

說個故事給你聽……

妙女已經吃了四個多月的抗鬱劑，有一天她終於鼓起勇氣跟醫生說她不要做心理治療，想要找婚姻諮商師談談，醫生乃將她轉介至王姓女諮商師。妙女看她頗資深且經驗豐富，專門做婚姻及性諮商，且和藹可親沒架子，才一五一十說出自己的故事。

夫妻結婚十五年，前九年當然是幸福快樂，後來妙女帶著兩個孩子去紐西蘭坐四年移民監，為了孩子學英文，妙女忍受夫妻分離，依靠電話、即時通及電子郵件寥解相思情，每年她回台灣一次，丈夫也會飛來一次，全家相聚樂融融，一點也感覺不出婚姻會有問題。

回台灣這三年來，丈夫事業蒸蒸日上，越來越忙碌，妙女自己也在上班，孩子也分別在國小及國中上學，大家都忙。也不知從什麼時候開始，夫妻說話談心的時間越來越少，性愛的次數也由每周一次降為每月一次，在八個月前已完全停止了。妙女覺得很不開心，但看丈夫那麼忙，總擔心說些什麼會讓他不高興，影響他的工作情緒。下班後她只好專心照顧孩子，打理家務。

夫妻有時一天聊不上十句話，也都是「吃飯沒？」、「該睡覺了」或「不要太累了」等家常話，週末時丈夫總是睡到日上三竿，下午則和孩子們打羽毛球或待在書房上網工作。半年前妙女曾兩度主動向丈夫求歡未果，一次他說太累，第二次他囁嚅地說，「我不行了」。妙女聽不懂他的意思，只感到自己被拒絕，自尊受損，轉過身去暗自哭泣到天亮。

其實妙女已經不知哭過多少次了，丈夫晚下班回家，或把自己關在書房工作，以及晚上不再碰她，她常趁丈夫不在房間時暗自飲泣，非常擔心丈夫不再愛她，更害怕丈夫在外面有女人；一旦走出房間，她總是拭乾眼淚，裝出笑容來面對丈夫及孩子。奇怪的是，駑鈍的丈夫居然不知道自己的妻子是個愛哭女。

直到有一天，妙女無意間發現丈夫西裝口袋中有張紙條，寫著「這是您要我領的三萬元，收據與款項請查收，祝週末愉快！小茜留」。原來丈夫讓助理幫他領錢，他拿出錢卻忘了將字條丟掉。

「奇怪，他的習慣是自己領錢，金錢不假手他人啊！怎麼會這樣？是不是近水樓台了？」

妙女悲從中來，不禁趴在床上大哭，孩子剛打玩球進來喊餓，看到媽媽哭，不知所措地退出房間，而等妙女吞下眼淚，強作鎮定走到廚房時，孩子已不在，可能跑出去買東西充飢了。妙女覺得對不起孩子，萬分自責。次日請假去醫院看精神科，才知道自己有憂鬱症。

問題在哪裡？

「所以妳先生完全不知道妳常哭泣，也不知道妳在吃抗鬱劑，還以為妳吃感冒藥？真是該打三十大板！」

「嗯，我也不想讓他知道，免得他擔心。」妙女點頭，無奈地說。

「真是難為妳了，心理擔負那麼多事情，藏著那麼多情緒，才會得到憂鬱症，妳知道這樣對健康是不好的？」

「可是沒辦法啊！他工作那麼忙，要負擔一家人的生活。」

「妳不也在上班嗎？妳還要照顧孩子及家庭，一樣對家裡有貢獻，這個家庭的組合是四個人，而妳們夫妻是兩根大樑，支撐著啊！」

「我已經不知道他還愛不愛我了？」妙女淚水在眼眶打轉。

「聽起來妳很擔心婚姻會垮掉，妳甚至害怕到不敢與先生溝通，因為妳焦慮，擔心說出來的話他不想聽，他若生氣就會破壞目前的寧靜關係。」

「對啊，對啊，正是，您怎麼會知道？」妙女眼睛一亮。

「妳的敘述透露妳的感覺與不安。妳的問題是寧可待在表面平靜無事的婚姻生活裡，不肯面對其實已有問題的夫妻關係，而將所有的負面情緒都往肚裡吞。長此以往，婚姻關係會因誤解重重而惡化，妳的憂鬱症會加重。吳太太，妳今天來這裡，不就是想改善婚姻關係嗎？」

「是啊，就是要請教您，問題到底是怎麼發生的，該怎麼辦？」

「兩個人才能戀愛、結婚，而問題也是由兩個人的不良互動造成，如果妳想要改善目前狀況，最好能邀請先生一起來晤談，雙方各自承擔起在婚姻中該負的責任。但在這之前必須經歷溝通、瞭解及妥協，才能有共識。妳可願意請吳先生一起來？」

「我當然想，可是我不敢耶！」妙女遲疑。

「聽起來，妳是太害怕而不敢行事？有沒有看到自己在婚姻中一直都是這樣？從來沒有試著主動與先生溝通？都是害怕的心理阻撓妳。其實害怕本身才是最糟的狀況，因為害怕就不敢有所行動，只能原地踏步，而婚姻就跟求學一樣，如逆水行舟，不進則退。」

「如果您肯幫助我支持我，我當然希望他能來做婚姻諮商。您可以替我打電話給他嗎？」

「吳太太，妳不是要學習與先生溝通嗎？妳也不是沒打過電話給先生？當面談也行，這就是妳今天的家庭作業。不妨告訴先生妳得了憂鬱症，醫生建議夫妻一起來做婚姻諮商，且表明妳需要他的支持與陪伴一起來談。我當然會支持鼓勵妳，我要幫忙妳的婚姻，就是在幫助妳們兩人。」諮商師表達鼓勵與支持。

「好吧，我試試看！」妙女採取了第一步。

吳先生得知太太原來是憂鬱症，一直怪太太不早說，「自己的身體都不會照顧，怎麼能照顧孩子呢？早該告訴我的，到底怎麼回事？」

「吳先生，你先別責怪太太。她就是太愛你及孩子了，擔心的事情特別多，又不敢說出來，怕你煩及不悅。有的人的遺傳因子有脆弱的部分，碰到不能承受的事件就會刺激這些脆弱因子，引發憂鬱症，吳太太累積了很多心事，疑慮你不再愛她，又覺得自己沒辦法照顧好孩子，所以才患了憂鬱症。」諮商師耐心解釋。

「是這樣啊，怪不得我覺得她越來越怪，我也不敢問！」丈夫轉向太太，「妳怎麼會這樣想呢？妳為什麼什麼事都不告訴我呢？」

「吳先生，你很關心太太，也愛這個家，可是你說話的口氣又在指責她了，妙女是傳統女性，她很想做好妻子，但在婚姻中卻沒什麼主見，她需要你的引導。」

「就是因為她是好妻子，我才以為我什麼事都不用擔心，可以專心衝刺事業；我一直以為她很堅強很能幹。」丈夫很迷惑。

聽到丈夫與諮商師的對話，妙女熱淚盈眶，首次在丈夫面前掉眼淚，然後忍不住大哭起來。丈夫慌亂不知所措，諮商師使眼色要他去安撫妻子。他摟著妙女，拿出手帕給她。諮商師再比比手勢，丈夫才又自妙女手中拿回手帕，親自替她擦拭眼淚。諮商師微笑地點頭。

等妙女心情平復後，諮商師引導夫妻面對面溝通，妻子才勉強一字一字地吐露心聲，說是丈夫對她冷淡，不知自己做錯什麼，也疑心丈夫與助理有染。丈夫聽了恍然大悟，原來夫妻都不知對方在做什麼在想什麼，丈夫正色地對妙女說，「對不起，我從來不知道妳的需求與感覺，而妳也從來不問我的需求與感覺。我每天回家看妳及孩子在家好好的，家裡一切井井有條，我以為妳很滿足，安於這個家，所以我就很放心地衝刺事業。如今我實在太忙了，秘書以外還請了兩個助理，很多小事都讓她們去做。唉，妳這個傻女人！」

妙女臉上顯出驚訝，但立刻露出憂戚的表情，諮商師知道她在想什麼，乃鼓勵她說出來。

「那你在臥房……」妙女委屈地說。

「我……我……我……」丈夫居然口吃。

「我兩次找你，你都拒絕，我想我可能對你沒有吸引力了，可能是年輕的美眉比較誘人！」妙女突然一股宣洩。

「唉，這怎麼說呢？」丈夫轉向諮商師，「對不起，我可否單獨與您談談，我實在很難啟口。」

「吳先生，你是否需要太太的協助，或者諒解？誠如你表示的，你很愛太太及這個家，要不要試著將自己的困難向她說出來？」諮商師鼓勵夫妻懇談。

「妙女，我說出實情妳可不能生氣哦；我說的可是句句實話，妳要答應我哦！」丈夫下了很大決心，對太太說。

「嗯！」妙女一臉惶恐地點頭。

「是這樣的，妳們在紐西蘭的時候，有一晚我很寂寞上網找援交。在那個自稱十八歲少女的面前，我因罪惡感及害怕得病，我居然無法勃起，丟了錢狼狽離去。後來妳回來了，我不太敢接近妳，怕萬一我硬不起來，再丟臉一次，幾乎都以自慰解決，越來越感自在。就是這樣，真的就是這樣。」

「哦？所以你就不管我了？你這樣叫做愛我？」妙女感到非常委屈。

「也許我是有點自私，但就是因為愧對妳才有罪惡感，而我內心更害怕，如果我長遠不舉，妳會怎麼看待我？」丈夫坦承。

「你不說我怎麼會知道？我一直以為你愛上助理了！原來是這樣，你都不讓我知道。」

這樣做，會幸福！

此時諮商師適時介入，以手勢要求兩人暫時停止對話，並開口：「請兩位回顧自己的對話，是不是在互相責怪？『你不說我怎麼會知道？』為什麼不能說，『唉，我早該知道，都怪我不夠細心，缺乏覺察？』。你們之間真正的問題就出在從自己的想法來看對方，根本從未真正進入對方的世界中，尤其妙女去紐西蘭那段時間，雖然彼此愛心不變，但隔閡由時間空間的距離中逐漸產生，而你們又以為愛情是永遠在的，不必去溝通與滋潤，以至於各自為政，越形疏遠。一個得了憂鬱症，另一個則擔心自己有勃起功能障礙，感情關係空蕩蕩地，這是你們所要的嗎？」

「不是，不是……」夫妻一個回答，一個搖頭。

「吳太太的憂鬱症來自婚姻問題，而吳先生的生理困難也與婚姻關係有關，現在兩位對婚姻的癥結都有共識了，也願意同心努力來克服困難解決問題，因此吳太太請繼續服抗鬱劑，看醫生瞭解進展，而吳先生也請去泌尿科檢查是否有生物因素造成勃起問題。一個月後歡迎你們帶著結果來談，我們再來評估是否有做婚姻諮商或性諮商的必要。」

「今天兩位在晤談室已經學會了面對面談心事，有了練習溝通的經驗，希望回家後常練習。要留時間給彼此，有話慢慢跟對方說，生活中大小事的分享，都是拉近彼此距離的方法。另外，除了枕邊細語之外，擁抱、溫存也是滋潤感情的方法。在未有信心完全勃起之前，不是不能做愛，而是不要抱太大希望，但也不能讓自己有挫折感，這只是過度時期而已。就如同感冒要休息，生病也要吃藥，對症下藥最要緊。」

夫妻倆覺得很不好意思，卻不約而同地點頭，妙女的臉上首次浮現出發自內心的笑容，吳先生則以感激的眼光看著諮商師。

20 小三的復仇

說個故事給你聽……

王先生約五十歲上下，身體健壯相貌英俊，談吐不俗，卻是滿面愁容，滿心憂戚，原來王太太堅持要離婚，各自過生活，若不依則要將丈夫的醜事公諸於世，雙方老臉都不要了，同歸於盡，讓大家恥笑。王先生迫不得已簽了字，但滿心不願意，畢竟結縭二十年，夫妻相愛，還準備白頭偕老，只怪自己一時糊塗，與一個不該碰的女人出軌了三年。

「太太在新竹上班，是主管，工作很忙，我的公司在桃園，但常跑台北談事情及打高爾夫球，有時就住在我替兒子買的小套房，父子相聚。三年前唯一的兒子建中畢業先服兵役，然後送去美國讀大學，本來想把小套房出租或賣掉，但太太不希望我晚上開車回新竹，堅持留著小套房讓我有時過夜，而她來台北時也可住。」王先生敘述著。

「打高爾夫球時認識了資深代書天娜，只比我太太小兩歲，個性活潑主動，聰明話多，長得也嫵媚，她經常找機會接近我，我也覺得談得來，就自然而然地跌入溫柔鄉。我們定期約會，傳簡訊寫郵件傳情，也去小旅行，的確給我的生活注入莫大的刺激與活力。整整三年我太太都不知道，直到有一天她無意中發現我手機中經常出現同一個撥出或來電號碼，才起了疑心，回撥後發現是女人，才質問我，我知道紙包不住火，乃坦然相告，並求她原諒。」王先生有著不堪回首的表情。「在那一瞬間我突然很害怕失去她，我承認我錯了，悔恨自己鬼迷心竅，被天娜迷惑三年。我向太太承諾一定立刻斷絕婚外情，我永遠記得太太看到我掉淚，她也抱著我痛哭，我就知道她原諒我了。我說到做到，告訴天娜我們的關係到此為止，她打了多少電話發了無數簡訊，我都沒有回。我全心全意回婚姻，經營夫妻感情，而老婆也接納我配合我，那時我們真的重溫舊夢，而且更快樂。」

王先生的眼睛由光輝轉黯淡，繼續說，「八個月後某一天下班回家，太太冷若冰霜，跟她說話沒反應，問她也不回答，與我冷戰。兩天後找了兩位朋友陪伴到我辦公室要我簽離婚協議書，財產各半，問她原因，她丟出一疊厚厚的影印文件，仔細一看，我差點沒暈過去，原來是我與天娜三年間傳簡訊寫電子情書的全部內容。這狠毒的天娜，不甘心了八個月後竟使出這個卑鄙的招數，一字不漏地寄給我太太！」

「我可以瞭解老婆看了內容必定火冒三丈，非常A級的親密對話，我也不知道當時為何如此熱情猥褻，大概是天娜引發我的吧！但是事過境遷，我已回頭，我們已經幸福了八個月，為什麼會被這疊情書所擊倒呢？就為了這個把我休掉，還威脅我要公諸於世。我不簽字，拖了幾天，她還是不跟我說話，找好友勸她她也不理，要兒子打長途電話給她，她說心意已決，所以我在上星期被迫簽字了，真倒楣，有夠慘！」王先生不勝唏噓。

問題在哪裡？

「不知道您對婚姻諮商的期望是什麼？」諮商師問。

「我來是想請教，我真的搞不懂她為什麼要離婚，我已經認錯、悔恨，且離開天娜，乖乖做她的老公，她也接納了，卻為了那一疊信跟我離婚，不是很沒理性嗎？」

「她以為她在懲罰我，其實也在懲罰她自己啊！何苦呢？」

「我還想請問我們是否有復合的可能性？唉，我真是有苦無處訴，不知您有沒有方法讓她轉念？」王先生連珠炮似地問了一堆問題。

諮商師整理了王先生的情況，明確地指出他的盲點：「你提了許多問題（Questions），都在指責太太使你成為受害人，希望她能改變，卻忽略了你們之間的問題（Problems）。你們雖相愛，卻因結婚已久，已無激情，而事實上，外遇前、外遇回頭後，夫妻的親密感始終不夠，兩人都沒有覺察，直到太太讀了你和第三者的情言愛語，她終於瞭解她在婚姻中從未獲得如此的親密感，你能給別人，為什麼不能給她？所以她才認為這個婚姻不要也罷。」

因此王先生早就有婚姻問題，就是缺乏親密感，這是夫妻兩個人的問題，而王先生個人的問題則是離婚後如何表達情感與愛意，請求太太寬恕以求破鏡重圓。

這樣做，會幸福！

王氏夫婦婚後努力工作、存錢，養育兒子，有共有及各自的休閒娛樂，經濟基礎不錯，生活一路平順，沒想到王先生定力不夠，遭受色誘而淪陷，明知不對，心裡不安卻難以自拔三年。直到被太太發現才倦鳥歸巢，太太雖然氣憤傷心，卻也擔心婚姻不保，既然先生悔過認錯且保證永不再犯，姑且就相信他一次，接受他的道歉，但並未真正寬恕他，畢竟寬恕的歷程不是那麼快速的。

先生不再有外遇，專注於婚姻中，深自以為回頭就沒事了，還是做原來的丈夫，輕易地原諒了自己，卻不懂得如何去補償受過傷害的妻子；而妻子一方面安定於婚姻生活中，一方面卻也還在觀察丈夫的誠意及言行舉止。各自仍有個別的想法，但也期待婚姻會自然好起來，這其中其實就已經隱藏了二度危機。

外遇事件中，王太太是第一受害者，她選擇復合，然後試圖療癒，而天娜認為自己是受害者，被有婦之夫拋棄，她選擇報復，傷害了情人的妻子，也等於傷害了情人，因此王先生也成了受害者被迫離婚，三敗俱傷。原本三人行恢復成夫妻組，相安無事，卻被巨大威力的情書內容給毀了。王太太明知先生與第三者曾經有性行為，但她不會去想像那些畫面，現在看到他們往來的甜言蜜語以及性言性語，加上性愛的細節，很自然就會有畫面出現在她的腦海中，她真的是會被逼瘋的，也難怪她因不能忍受而憤怒，因痛恨而堅持離婚。

她痛恨丈夫居然能跟外遇對象有如此熾熱的激情及火辣的性愛，而自己二十年婚姻於愛於性都很平淡，她開始質疑婚姻的價值及人生的意義，重新思考自己對丈夫的感情以及丈夫對她的感情。孩子長大有自己的人生，丈夫又如此地令她失望，還不如一個人清靜過日子，所以寧可逃離婚姻。

王先生把事情想得很單純，有外遇vs.斷外遇，有婚姻vs.無婚姻，回到婚姻＝好婚姻，他不知道再好的婚姻也有強化的空間，感情關係如逆水行舟，不進則退，而且他本來也沒有真正瞭解妻子的需求，而這八個月以來以及情書曝光之後，他無法了解妻子細膩的心路歷程，難以體會她所經歷的情緒痛苦，還覺得自己莫名其妙地被離婚。

其實王太太也該思考到為何第三者能引發先生的熱情，個性特質固然有關，感情的表達及需求的呼喚亦為因素，夫妻倆難道沒有此種需求嗎？當然有，只是生活中被太多瑣事佔據，有時太忙太累，而且夫妻幾乎未曾留過時間給自己及對方，一切好像都是順理成章，從未刻意去想花招點燃性愛情慾，自然就讓第三者有機可乘了。外遇事件只是導火線，婚姻關係在外遇之前就開始停滯了，雙方對於自己的遲鈍與未察覺是該負起責任的。

二十年的婚姻基礎若堅固，是不該被第三者報復的資料所打倒，親者痛、仇者快，正好中了她的計，這點也是王太太在斟酌婚姻去留時應考量的。雖說已經簽了離婚協議書，王太太不肯與先生來往，兩人分開一陣子也是好的。如今王先生尋求諮商，王太太在冷靜中，在全有及全無之間，事情還是可能產生變化的。

王先生經過四次諮商後，對自己婚姻有詳盡的回顧，對太太的心路歷程及需求有真確的瞭解，也領悟到自己並未用心好好經營，因此他替自己訂下了行動計劃：

1.寫電子郵件，寄紙本卡片給妻子，承認外遇當時很瘋狂，對他來說是種新鮮體驗，當時太自私，只顧自己快樂，沒想到妻子的需求及感受，請求原諒。

2.打電話約妻子至咖啡廳，願意接受妻子的任何質問，坦誠相告。

3.打從心底接受離婚，但期待能自朋友做起，重新追求妻子。

4.拜託知情的好朋友幫忙勸告妻子，再三思考給她自己、丈夫及給婚姻一個機會。

5.前夫前妻破冰後，可以一起討論婚姻中的大小事，尤其是以前沒有談過的，包括性愛。不論有無復合，化怨恨為友誼可以促進個人心理健康。

他知道計畫的實現需要按部就班，在愛心、耐心及毅力的支持下，隨著時間推動。當有了近程人生目標後，王先生心定下來了，勇氣蓋過煩惱，他願意去學習，去成長。

王氏夫婦會不會離婚後再結合很難說，但至少不是含恨或含著遺憾而永不往來，即使分開了，還是可以把婚姻中的困難說清楚，阻礙清理乾淨，則雖各自生活，卻知道各自都在成長，如此才能當朋友或有下一步的進展。

王太太最好能夠接受諮商，將她最在意的那件事——丈夫與情婦的親密種種轉換成正面的資訊，原來丈夫是有潛能表達親近實行親密，而自己也有此種需求，但必須學習表達需求及親密語言和動作，也許兩人前嫌盡釋後有機會可以發展此種親密關係，補充過去人生中的不足。

21 晚春不遲

說個故事給你聽……

石太太雍容華貴，優雅有禮，只是相當害羞，低著頭扭著手，輕聲說道：

「不知道來找您談的案主，有沒有向我這種年紀的？」

當她瞭解了不同年齡層男女都會面臨婚姻中種種的困難，也有不少人前來求助，她才比較放心地自我揭露。

「我覺得很丟臉，五十幾歲了還不知道先生到底有沒有外遇？」

「石太太，妳的意思是說妳懷疑先生有外遇，所以擔心、焦慮及不安？」

「嗯，可是他又不像那種會有外遇的人。他的行蹤我都很清楚啊！」她滿臉狐疑地說。

「怎麼說呢？要不要說說你們的互動情況？」

「我三十八歲嫁給石群，一個大我三歲的鰥夫，自己沒生，替他教養兩個小學的孩子，現已長大成人，我們與婆婆、小姑同住，家庭美滿幸福。」她又接著說。

「石群是進口商，他是董事長，我是財務經理，有時會陪他見客戶談生意。三年前金融危機時，他決定退休收攤，但因倉庫裡還有些貨要慢慢銷掉，他呈半退休狀，每天早上還是去倉庫的小房間一個人上班，打商務電話也順便跟朋友聊天，我則完全退休，在家享福。」

「休閒娛樂方面有同進同出嗎？」諮商師希望瞭解真正的互動。

「退休後應酬就少了，跟朋友在餐廳用餐是有啦。他還是一星期打兩次高爾夫球，每次打完後都會來電報告打球成績，然後說他要回家了，其他的就是一起散步囉。」

「妳有陪他去打高爾夫球嗎？」諮商師追認石太太的話。

「沒有，我不會打也沒有興趣。講到高爾夫球，這就是我的疑點，最近幾次我發現他並未在球場洗澡，沒換帶去的內衣褲，而且有一天下雨，他的鞋子很乾淨，沒有泥痕，這表示他並沒有去打。」

「妳如何處理此事？」

「什麼也沒做，因為這之前我還不小心看到他上網看色情圖片忘記關掉，而且手機上有些陌生來電及撥出的號碼。我想看看還有哪些異常狀態？」石太太做沉思狀。

「對了，我想起來了，石群有時在浴室的時間還滿長的，我怕他昏倒在裡面，敲了半天門，他說坐在馬桶上看報，以前沒有這樣啊！」

「所以妳憑這些異狀猜測他有外遇？」

「嗯，真不知道該怎麼辦？」她很憂心。

「能說一些你們的性生活嗎？」諮商師欲探究。

「噢，我們，我們沒有性生活。」她漲紅了臉，害羞地說。

「多久沒有性生活？是誰先停止的？」

「從我更年期開始，我就沒興趣，因為會痛，慢慢地次數就少了，我們已經五年沒有行房，我推開他十幾次後他就沒再要求了，我們不也過得好好的。性生活對於五、六十歲的老年人有那麼重要嗎？」

諮商師笑道，「妳才五十五歲，正值壯年期，不要太早認老，即使是七、八十歲的老人，只要身體健康有性慾，仍可以有魚水之歡。」

「真的？那我為什麼沒有性慾？」石太太不解地問。

「那是因為妳的認知告訴妳，更年期後的婦女沒有且不需有性生活，再加上停經後造成的陰道乾澀，令妳行房痛苦而沒樂趣，以致主動放棄閨房之樂。」

「這樣說來，石群仍有性慾，家裡得不到，所以要向外發展？」

「男人為什麼這麼色，一大把年紀了還在想性？」

「色情網站上的美眉都那麼火辣，石群能望梅止渴嗎？不就是自欺欺人嘛！」

「他是不是去把妹洩慾？他絕不是那種會養情婦的人！」

「他有些舉止真的怪異，真的與性有關嗎？」

問題在哪裡？

石太太腦中有無數問題，全指向石群，卻沒想到真正的問題是存在於婚姻內，始於石太太停經後的身心狀況，以及石群的不會應對及被拒絕，此婚姻問題應是「更年期婦女的夫妻性生活」以及「雙方缺乏溝通，無身心親密關係」。

有疑問的是石太太，想解決問題安心相處的也是石太太，解鈴本來就該是繫鈴人，因此石太太願意先接受性諮商，瞭解更年期後的性生活可以從自己如何做起。

這樣做，會幸福！

石群平日打球，身體健康，由他以往對妻子的求歡以及有時在浴室逗留時間長的現象看來，他是有性慾的，才會上情色網站，激發情慾，然後進浴室自慰。至於他為何假稱去打高爾夫球，則資料不足無法推測。當然有可能去把妹或與女性約會，即使有，也是偶爾為之，畢竟他還是很小心，不願意破壞婚姻，傷害夫

妻感情。

石太太對於性一向被動，夫妻性生活供需平衡，原本沒問題，直到她更年期後，她主動停止，也一直以為男女到了五十多歲後有性沒性並不重要，反正夫妻天天生活在一起，婚姻應沒問題，經過諮商後才瞭解，原來丈夫有性需求，也發現夫妻倆在將近二十年的婚姻中，從來沒有談過與自身的性有關的話題，因此她向性諮商師學習「性溝通」的口語及肢體技巧。但性諮商師提醒她，夫妻要進行性溝通恢復性愛之前，日常生活的親密互動與溝通更重要，這樣才能以漸進方式自然地進入性愛，而不是在一夜之間自「完全無性」跳入「立刻有性」。

與諮商師商談後，石太太擬定了為期三個月的行動計畫，她藉口自己需要運動，願意陪丈夫去球場，自己在旁跟著走。有時在球場吃完中飯，她建議去北投洗溫泉。週末晚上她會做菜請親戚或丈夫的好友過來小酌，總之盡量想些增加雙方互動的活動。由於活動不同，分享的話題增多了，不像以前就只談些生意及家庭瑣事。

夫妻在家一向是各自洗澡，偶爾去北投開房間吃午餐休息洗澡，石群本來有點抗拒，說是老夫老妻回家休息就好，太太說這是時尚的休閒活動，兩人辛苦這麼多年，花點小錢趕時髦享受人生也沒什麼不好，丈夫也就聽話了。石群還是依著老習慣，一個人進入浴缸泡溫泉，太太則猶豫了半天，終於鼓起勇氣，藉口五十肩右手無法往後彎太多，已好久洗不到背上某一部份，請丈夫趁此機會幫忙抹肥皂清洗。進入水中，雙方身體碰觸，石太太立刻感覺到丈夫有明顯的生理變化，卻因太害怕太害羞而一動也不敢動，結果雙方都裝著沒事地把她的背洗乾淨了。

諮商師鼓勵太太與丈夫溝通，她還是不敢，所以寫了一封告白信，向先生坦承自己缺乏正確性觀念，也處於更年期的尷尬狀態，擔心老化，所以忽略了先生的需求及感受，而兩人都已五十好幾了，總是希望在還能動的隨後二十年，珍惜婚姻，提升親密，享受人生。因此建議先生能自外面收心，將感情注意力專注於妻子身上，而她也希望丈夫能瞭解並體諒停經期女性的心境及生理狀態，而兩人互相關心扶持，有了親密感覺才能激發性慾，重新再有性生活。

石太太買菜回家，丈夫幫忙把菜及水果放入冰箱，說道，「今天就別煮飯了，我們去烏來吃野味泡溫泉。」石太太內心雀躍卻不敢形諸於外，急著上樓換衣打扮。在路上丈夫才表達對妻子的感謝，「原來妳都知道了，我是有點瘋，去過幾次理容院按摩，也做了全套，沒辦法，實在憋太久了，但我還是怕怕，怕得病傳染給妳，所以我就更不敢碰妳了，妳能原諒我嗎？」

石太太所有的委屈都隨著眼淚流出來了，真誠地說，「諮商師的話沒有錯，性愛是雙向的，雙方都得面對問題，負起責任。讓我們重新來吧！」

他們在旅館內洗鴛鴦浴，感覺到丈夫的勃起，太太主動靠近去抱住他，充分感覺他的蠢蠢欲動，心裡也一陣顫動。兩人來到了床上，她赤裸地偎在丈夫的臂膀上，帶著期盼，也感到自己有濕潤。但是當石群開始插入時，她還是感到硬插的疼痛，她溫柔地對丈夫說，「請你多塗點口水，你的我的都塗。下次我們去藥房買ＫＹ潤滑劑。慢慢來，我盡量配合。」

太太以前做愛，不是聽命擺佈，就是喊痛拒絕，這是有史以來說話最多最中聽的一次。石群感到興奮，但小心行事，終於在太太嗯嗯啊啊半痛楚半愉悅的呻吟中完成大事。事後兩人一致的結論是：「身體的感覺不錯，但心裡充滿了親密感。」

更年期常是女性性慾的殺手，身體狀況固然要適應、要調整心態，絕不能因為「我老了，月經停了，不是女人了」的自我挫敗觀念，而影響了原本的性愛生活。本來有性的，年紀大了還是可以繼續，性是越做越勇的。一旦停下來後，要恢復就很不容易了。石太太生性保守，對性認識不多，一切順其自然，直到婚姻產生危機需要找人談，她才發現危機的一部分是自己無知造成的，乃勇於開放自己，信任諮商，努力去打開夫妻間無形的僵局，由日常生活分享牽動丈夫的身心，進而重新啟動性生活，的確不容易。值得慶幸的是一切進行順利，沒有阻力，這是因為雙方感情基礎穩固，愛一直在他們心中。

22 撥開婚姻的愁雲

說個故事給你聽……

她真的一臉愁苦，很難將婚姻痛楚一一說清楚，說說停停又想想，諮商師立刻感覺到她積壓太久了，終於鼓起勇氣來談，所以請她慢慢說。

「先生外遇是何時發生的我也不清楚，那時我以小孩為重心，把心思都放在小孩身上，忘了還有他，也因為這樣，夫妻的義務少了，因為我沒時間也很累（因婆婆要求很多事要做）。他誤會我冷感，而因為他需要，就從網路上交友並和同學在MSN上說了一些讓我很心痛的話，說和我結婚只是因父親往生想照顧我，與我並無感情，他把重心放在小孩身上，還說我無法滿足他的性，所以他往外找女朋友，可以經常陪著他。」

「外遇的事是在懷老二時發現的，好幾次因看了他與網友聊天差點早產，孕期每天都很難過，因為我都沒說，自己承受，常常晚上哭著睡著，那段期間我也嘗試改變自己，但沒有成效，直到生產後還是一樣。」

她接著說，「我真的又累又氣，又不甘心放棄，常常與他起爭執。去年年底有一晚吵到無法收場，全部的人都知道了，只有娘家的人不知道。那時先生與婆婆在對質，他跟婆婆說，『那時我早說過結婚就會離婚，是妳叫我娶的，妳自己說妳會好好和她相處，結果妳一直挑剔。』他還轉向我大叫，『那時還沒分手是我媽叫我再交往的，有帶女生回來睡，本來要娶她的。』當下我只想離婚，但為了孩子我下不了決定，那時婆婆說她要處理，到後來卻只是要我忍，說哪個男人不偷腥，原諒他，為了孩子忍一忍，以前婆婆也是這樣過的，男人偷腥後，終究還是會回頭的。

「那時情緒起伏很大，事後沒幾天，我冷靜的找他，他只對我說一句話：『我還定不下來，我還想自由，給我時間。』」說著說著眼淚就掉下來。

「我心裡很難受，這個家沒人愛我，只有女兒，而當媽媽的我心裡也不好受。因為我上班薪水不多，婆婆一直要錢，我想假日去打工，先生卻非常不認同，我的壓力情緒需要找管道來紓解。要我不想是不可能的，感情不要求了，夫妻同床異夢的日子不好受。他也很奇怪，對別人說和我感情不好，但他又不離婚。我思考過，他只是把我留著打理他的家人。我也想過，他如果真的有看到我，他早就處理我和他媽的事，就是因為沒看到我，只看到別人、只在乎別人。」

前兩次的諮商時段，大多在做情緒安撫工作。李太太紓發積壓，慢慢地拼湊出婚姻史中的夫妻關係及婆媳關係，有了傾聽及支持者，她覺得心理上輕些，也清些，說話也比較有條理了。第三次諮商時段時，她說，「這幾天我很平靜的想，冷靜的想，發現我要的是答案，他給我的答案，還有承諾吧！我明白我只是要爭個『理』和『面子』，我想聽到真實的答案而不是敷衍，但他好像無法給我，也不肯給我。」

「而我現在的情況則是不相信先生，也提防著婆婆是否又要找事情罵人，我清楚我要的是什麼，就是我說的答案，希望先生告訴我，他錯了，他對不起我，他不該這樣對我，」她接著說，「我已經忍受兩年多了，再堅強的人也會倒下去，我之所以來做諮商，就是想要知道我的婚姻到底還有沒有希望，而我如何做才能獲得我想要的答案？」

問題在哪裡？

李太太最不平的是丈夫的外遇問題，他藉口性生活不滿足上網交女友，是妻子最大的痛，她心中的問題（Questions）是：「我都試著改變，你卻不體諒未接納，還是去外面交女友，你到底要怎樣？」

「既然我在性方面無法滿足你，你老跟別人說跟我沒感情，那為什麼不離婚？」

「你到底有沒有看到我為你、為這個家，從老到小，做了這麼多，你欠我太多了，你對不起我，你什麼時候才會向我道歉？」

而她真正的難題／問題（Problems）則為「婚姻品質問題」及「婆媳問題」。上網外遇是丈夫對婚姻不滿足的外化行為，有了外遇行為，婚姻當然就更不好，爭吵不斷，公婆也受不了，婆婆乃出面干涉，造成了婆媳間的怨隙。

因此李太太的一堆問題是她心中不滿、傷心、痛苦的表徵，越來越覺得丈夫欠她太多，期待先生能道歉賠罪，給她爭回面子，問題是當他倆距離越拉越遠時，丈夫如何會道歉呢？

這樣做，會幸福！

諮商師得知李氏夫婦婚前感情不錯，但曾因李先生隱瞞一些事兩人鬧分手，當一方要分另一方不肯，拉鋸了兩次，最後還是結婚了，想必當初都看上彼此的優點而決定共組家庭，因此兩人是有感情基礎的。

而婚姻危機始於李太太的懷孕生子，生老大時必然手忙腳亂，婆婆的助益不大，丈夫又不管家中事，身兼妻子、母親、媳婦三職，鐵定累得沒性慾，想都不會去想，當然對丈夫的求歡也就沒好臉色予以拒絕了。而夫妻久不行房，次數必然越來越少，丈夫不想被拒絕，且他玩心又重，正好以妻子性冷感合理化自己上網交女友的行為，還向朋友散佈閨房樂事。

丈夫沒有跟太太溝通，和妻子一起商討性慾不同調的問題，李太太反而是在先生的ＭＳＮ對話上看到，當然會氣憤而吵鬧。不過稍微平靜之後，她有想到「夫妻間的義務」，她的理解就是夫妻之間要行房，所以果然每幾個夜晚就問先生要不要。此時先生早已在外面吃慣甜點打野食，已經不想家裡的清粥小菜了。因此李太太的改變才會失敗，也就覺得更委屈了。

李先生是傳統的大男人，當然也是被父母寵壞的，他以為娶了好女孩回家，相夫教子孝順公婆打理家事就是老婆的責任，自己在外遊玩，婆婆不但不制止，反而要媳婦忍耐，李太太自然對婆婆心生不滿。而婆婆管不了兒子卻對媳婦引起爭吵不悅，且因年紀大沒有安全感，會向媳婦要錢，讓李太太感到有壓力。

婆媳關係要改善其實較容易。設身處地從婆婆的立場來想，就不會那麼生氣，而且會憐憫她了，公公以前有外遇，婆婆忍了一輩子，公公後來還是回家了，所以她以為這個方法行得通，要媳婦如法炮製，而且家和萬事興，她不願家裡吵吵鬧鬧的，所以也要媳婦忍耐。至於她向媳婦要錢，李太太應該覺得高興，因為婆婆的零用錢若掌握在她手中，她就可以比較大聲說話了。

其實想想，婆婆也不是壞人，當初婆婆也認為她是好女孩，才慫恿三心二意的兒子將她娶回家，而婚後小倆口常吵架，婆婆當然也會氣媳婦愛鬧，這是人之常情，所以婆婆是個情有可原的人，諮商師勸李太太想開些、想寬廣些，主動修正對婆婆的態度。婆媳關係若變好，加上有老大、老二，李太太就不會覺得那麼孤單了，而婆婆也有可能因疼惜媳婦而開始要兒子收斂了。

倒是夫妻關係的問題較棘手，妻子的需求是丈夫認錯道歉，然後丈夫身心歸隊；而丈夫目前的需求是生活有情趣，性愛頻繁又活潑。兩人的期盼及需求相差極大，要拉近身心距離，還是要從根本做起——日常婚姻生活。李太太可以從自己可以使力之處做起，如找先生感興趣的話題聊天，藉孩子與父母互動來製造相處相談的機會，做些他愛吃的菜餚，並溫柔地表達是為他做的。丈夫顯然愛聊天怕寂寞，他會感受到並開始享受妻子的關切。

兩個人聊的話多了，生活互動也增加，即使他還不能停止上網交友或外出，他至少覺得家庭有溫情，家裡有人可以聊天。至於性愛部分，李太太若能突破心理障礙，邀請丈夫一起去做性諮商。性諮商師能聽取雙方的細節描述，瞭解夫妻原先性生活的樣貌，各人對當時性行為的感受及對閨房之樂的期待。李太太除了要放鬆自己，學習時間管理，讓自己有多出來的時間與先生互動外，她也得感覺自己是個女人，給丈夫機會來激發她挑逗她的情慾。美好的性愛是雙向的，這就是婚姻中的性諮商必須夫妻一起來的理由。除了向性諮商師討教如何點燃慾火，進行前戲享受性愛，還得學習如何溝通，配合或拒絕，然後帶著家庭作業回家練習，下次晤談時再向性諮商師報告進展或成果。

夫妻若能一起去做性諮商，學習新觀念，產生新行為，必會增加樂趣及情調，夫妻互動增加，若性生活也不錯，則親密感提升，感情加溫。倘若丈夫不肯去見性諮商師，李太太一個人接受個人性諮商雖比較辛苦，但也一樣可以重建性觀念、性態度，學習性溝通、性技術，回家有勇氣邀約丈夫「做功課」，也會帶給丈夫面目一新的。

丈夫是欠李太太許多恩情感情沒錯，但李太太也不能視先生為罪人，他既不肯離婚，表示仍存有親情及感情，而李太太雖委屈痛苦，卻也傾向於不離婚。既然兩個人都還想留在婚姻中，就得讓婚姻有運作有功能。而李太太是來尋求諮商的人，她的主訴求是尋求解決困境的方法，也只好從她自己先做起，一點一點地在婚姻中改變，以帶出較大的改變，並牽動婆婆和丈夫隨後的改變。雖是辛苦，總比不變好，否則，不改變只會讓兩人的關係持續惡化。

智慧系列 03

好男好女——幸福婚姻GPS

金塊文化

作　　者：林蕙瑛
發 行 人：王志強
總 編 輯：余素珠
美術編輯：JOHN平面設計工作室

發 行 所：金塊文化事業有限公司
地　　址：新北市新莊區立信三街35巷2號12樓
電　　話：02-2276-8940
傳　　真：02-2276-3425
E-mail：nuggetsculture@yahoo.com.tw

劃撥帳號：50138199
戶　　名：金塊文化事業有限公司

總 經 銷：商流文化事業有限公司
電　　話：02-2228-8841
印　　刷：群鋒印刷
初版一刷：2011年9月
定　　價：新台幣220元

ISBN：978-986-87380-2-7
如有缺頁或破損，請寄回更換

團體訂購另有優待，請電洽或傳真

國家圖書館出版品預行編目資料

好男好女：幸福婚姻GPS / 林蕙瑛著. -- 初版. --
新北市：金塊文化, 2011.09
面；　公分. -- (智慧系列；3)
ISBN 978-986-87380-2-7(平裝)
1.兩性關係 2.婚姻諮商
544.7　　100016797

願天下有情人終成眷屬，
更願天下眷屬均為有情人！

金塊文化